D1701505

Cafe Einstein Stammhaus
Die Geschichte des Berliner Kaffeehauses

Kirstin Buchinger

Café Einstein Stammhaus
Die Geschichte des Berliner Kaffeehauses

nicolai

»Das Einstein war für uns wie ein Freund.
Wir haben immer wieder überlegt, seine ›Biografie‹ zu schreiben.«

Valeska Bachauer

INHALT

Postumes Vorwort von Henny Porten	7
Eine Bohne erobert Europa	8
Eine Kaffeehaus-Kult-Tour	12
Der Kaffee kommt nach Berlin	15
Kaffee und Krieg	18
Die Hausheilige des Café Einstein: Henny Porten	25
Nähmaschinenfabrikant Rossmann baut eine Villa	27
Berliner Kaffeehäuser zur Zeit des Fin de Siècle und im neuen Jahrhundert	30
Erste postume Unterhaltung mit Henny Porten im Café Einstein	41
Die Künstler- und Literatencafés im Berlin der Zwanzigerjahre	45
Der Klub des Westens	53
Andere Zeiten (1933)	63
Die Rossmann-Villa während der NS-Herrschaft	67
Zweite postume Unterhaltung mit Henny Porten	75
Heimweh nach dem Kurfürstendamm?	77
Ein Kaffeehaus auf dem Drogenstrich	81
Apfelstrudel und Avantgarde	84
Zehn Thesen zum Kaffeehaus von 1982	88
Uns verbrennt die Nacht oder Die Agonie der Kunst	91
Die Bar Lebensstern	103
Hinaus aus dem Kaffeehaus oder Der Besuch im Atelier	106
Kellner und Gäste – eine seltsame Allianz	110
Ode an das Wiener Schnitzel	113
Rezepte	116

»Du hast Sorgen, sei es diese, sei es jene – *ins Kaffeehaus!*

Sie kann, aus irgendeinem, wenn auch noch so plausiblen Grunde, nicht zu dir kommen – *ins Kaffeehaus!*

Du hast zerrissene Stiefel – *Kaffeehaus!*

Du hast 400 Kronen Gehalt und gibst 500 aus – *Kaffeehaus!*

Du bist korrekt sparsam und gönnst Dir nichts – *Kaffeehaus!*

Du bist Beamter und wärest gern Arzt geworden – *Kaffeehaus!*

Du findest Keine, die Dir paßt – *Kaffeehaus!*

Du stehst innerlich vor dem Selbstmord – *Kaffeehaus!*

Du haßt und verachtest die Menschen und kannst sie dennoch nicht missen – *Kaffeehaus!*

Man kreditiert Dir nirgends mehr – *Kaffeehaus!*«

Peter Altenberg, Kaffeehaus (1918)

POSTUMES VORWORT VON HENNY PORTEN

Von irgendwoher kommen mir diese Gesichter, diese Tische, dieses Kaffeehaus bekannt vor; vor langen Zeiten habe ich sie schon gesehen, als sie noch gar nicht existierten. Viele Stunden habe ich hier verbracht und habe Menschen getroffen und geliebt; ich habe sie gesehen und belauscht, habe gespeist und getrunken; jene Melange aus Spiegelweiten und Stuck, Musik und Licht geatmet und im Sommer den Spatzen im Garten Brotkrumen zugeworfen.

Beinahe erscheint es, als sei das Haus lebendig. Es ist ein magischer und banaler Lebensraum zugleich, der die Besucher zu Elementen seines eigenen Kosmos werden lässt.

Kaffeehäuser, jene modernen Pilgerstätten, führen ihr Eigenleben voller Bedeutung und Geheimnisse. Künftige Archäologen werden sich den Kopf zerbrechen über die Ausgrabungen der Kaffeehäuser und sich abmühen, das Wesen dieses Kultes vergangener Epochen zu erfassen.

Kaffeehäuser leben unter anderem von ihrer Geruchsatmosphäre – einer Mischung aus Apfelstrudel, Kaffee, Schnitzel und – wenn man Glück hat – einem nicht allzu aufdringlichen Parfum des Gastes vom Nachbartisch. Leise Musik begleitet das stete Raunen der anderen, deren Anwesenheit bemerkt oder ignoriert werden kann, regelmäßig röhrt die Kaffeemaschine, klappert Geschirr. Vorbeischwebende livrierte Kellnerinnen lesen lächelnd Wünsche, und dazwischen schreiten ernste Oberkellner umher, die das Herz eines perfekt funktionierenden Organismus zu sein scheinen.

Das Kaffeehaus ist die Bühne seines Publikums – Zeitungsrascheln, Gesprächsfetzen, Wahrheiten und Unwahrheiten, durchbrochen vom Klingeln eines Telefons. Ein Lächeln, ein Augenaufschlag, ein sanftes Kopfnicken. Und nimmt nicht fast alles im Leben mit einer Tasse Kaffee seinen Anfang?

▲ »Eisbein – von Ullstein – na, das werd ich mir aber schmecken lassen! Herzlichen Dank und schönen Gruss! Henny Porten« (Weihnachtsgruß von Henny Porten, Ullstein-Presse 1928).

EINE BOHNE EROBERT EUROPA

»Das Café braust von Stimmen, es summt und saust und schwirrt,
Zigarren rötlich glimmen, Geschirr und Silber klirrt.«
Karl Henckell, Börsencafé (1921)

Schon der italienische Abenteurer und Frauenheld Giacomo Casanova wusste um die zentrale Bedeutung des Kaffeehauses als Drehscheibe der menschlichen Existenz. Wann immer er Venedig verließ, platzierte er Spione in seinem Lieblingscafé, um während seiner Abwesenheit über alle Geschäfte, gefährlichen Liebschaften und Morde in der Stadt informiert zu bleiben. Seither sind die geflügelten Worte berühmter Dichter über diesen Ort Legion, der nur zu oft zum Quell ihrer Inspiration wurde. Kaffeehaus, Literatur und Kunst gehen zu allen Zeiten eine enge Symbiose ein. Mozart spielt im Café Billard, und Johann Strauß dirigiert seinen Wiener Walzer im Garten eines solchen. Den impressionistischen Maler und Grafiker Lesser Ury lässt das Kaffeehaussujet fast über 30 Jahre hinweg nicht los. Er skizziert und malt Dutzende von Porträts im Kaffeehaus und Hunderte von Kaffeehausszenen, von denen leider viele während der Zeit des Nationalsozialismus vernichtet werden. Und Picasso? Er zahlt seine Rechnungen in diesen Lokalen mit der Überlassung seiner Gemälde. Wenn es keine Cafés gegeben hätte, so Boris Vian, hätte es keinen Sartre gegeben. Die Alltäglichkeit des menschlichen Daseins als existenzphilosophische Erkenntnis – dafür brauchte der große französische Denker das Milieu seines Cafés.

Im Café werden Manifeste verfasst und Revolutionen geplant. Dazwischen – und ein Großteil der im Café verbrachten Zeit ist Zwischenzeit – wird gegessen und getrunken, gewartet und geschaut.

Stefan Zweig weist im Hinblick auf das Schauen zu Recht darauf hin, dass hinter all den anderen guten Gründen, ins Café zu gehen, immer auch ein wenig die Notwendigkeit zur Selbstmanifestation steht, der sich niemand entziehen kann, denn wer nicht vergessen werden will, muss sich sehen lassen! Und Zweig musste es wissen, denn auch er verbrachte manche Stunde am marmornen Tisch.

Das *Café Einstein* in der Kurfürstenstraße ist eines der berühmtesten europäischen Kaffeehäuser. Im Folgenden gilt es, seine Geschichte und Vorgeschichte zu erzählen, denn eine solche hat es zweifelsohne. So ist das Café neben allen Vorzügen eines guten Kaffeehauses ein singulärer Ort mit Nimbus. Zudem erzählt seine Geschichte viel über die wechselvolle Geschichte Berlins.

Kurzum: Dieser Ort nimmt einen gefangen, ganz so, »als wenn die Marmortische mit süßem Leim bestrichen wären«.[1] Walter Vogel, Kenner europäischer Kaffeehauskulturgeschichte, lebt eine wahre Café-Weltanschauung: »Wann und wo auch immer ich auf Reisen bin, suche ich mir als erstes ein Kaffeehaus, um mit einer gewissen Euphorie den Tag zu beginnen.« Das *Café Einstein Stammhaus*, so befindet er, habe alles: »Mein Lieblingsplatz liegt am Fenster gegenüber der Bar – dieses wundervolle Gebilde im Blickfeld zu haben, den Baristen bei ihrer Arbeit zuzuschauen, die Espressomaschine vor Augen, nicht versteckt in einer anonymen Küche, sind zusätzliche Stimulanzen um den ›Großen Schwarzen‹ herum.«[2]

In einer anderen Ode heißt es: »Ich sage es direkt und ohne Umschweife: Ich bin ein Fan, ein Bekenner, ein Überzeugter und komme gerne und oft an diesen Ort. Es ist zwanghaft. Bin ich in Berlin, muss ich in die Kurfürstenstraße. Und erst wenn die Melange dampfend auf einem der Marmortischchen vor mir steht, dann beruhigt sich mein Kreislauf, und ich kann entspannt … in eine der unzähligen Zeitungen, Zeitschriften oder Magazine abtauchen.«[3] »Man darf allerdings nicht den Fehler machen und ins *Einstein Unter den Linden* fahren. Dieses Etablissement ist für ein Kaffeehaus nämlich noch viel zu jung und daher ohne jegliche Patina. Das in der Kurfürstenstraße ist das richtige.«[4] Und der Fotograf Jim Rakete sagt, an keinem »anderen Ort meines Lebens sind so viele Ideen, Verträge und Zufälle zustande gekommen«.[5]

Andere sind im Umgang mit dem *Einstein* schlicht pragmatisch, denn die meisten Menschen haben kein Geld für eine eigene Villa, aber: »Das ist nicht weiter schlimm … Man spart Renovierungs- und Gärtnerkosten, und außerdem gibt es das *Café Einstein*. Dort lässt sich das Geld, das man als Villenbesitzer bis an sein Lebensende unermüdlich in die Rachen gieriger Handwerker werfen müsste, wunderbar in Kaffee, Apfelstrudel und Tafelspitz anlegen. Und sonntags kann man, ohne trübe Gedanken an das renovierungsbedürftige Dach, ein Wiener Schnitzel bestellen.«[6]

▲ Herr im *Café Einstein*.

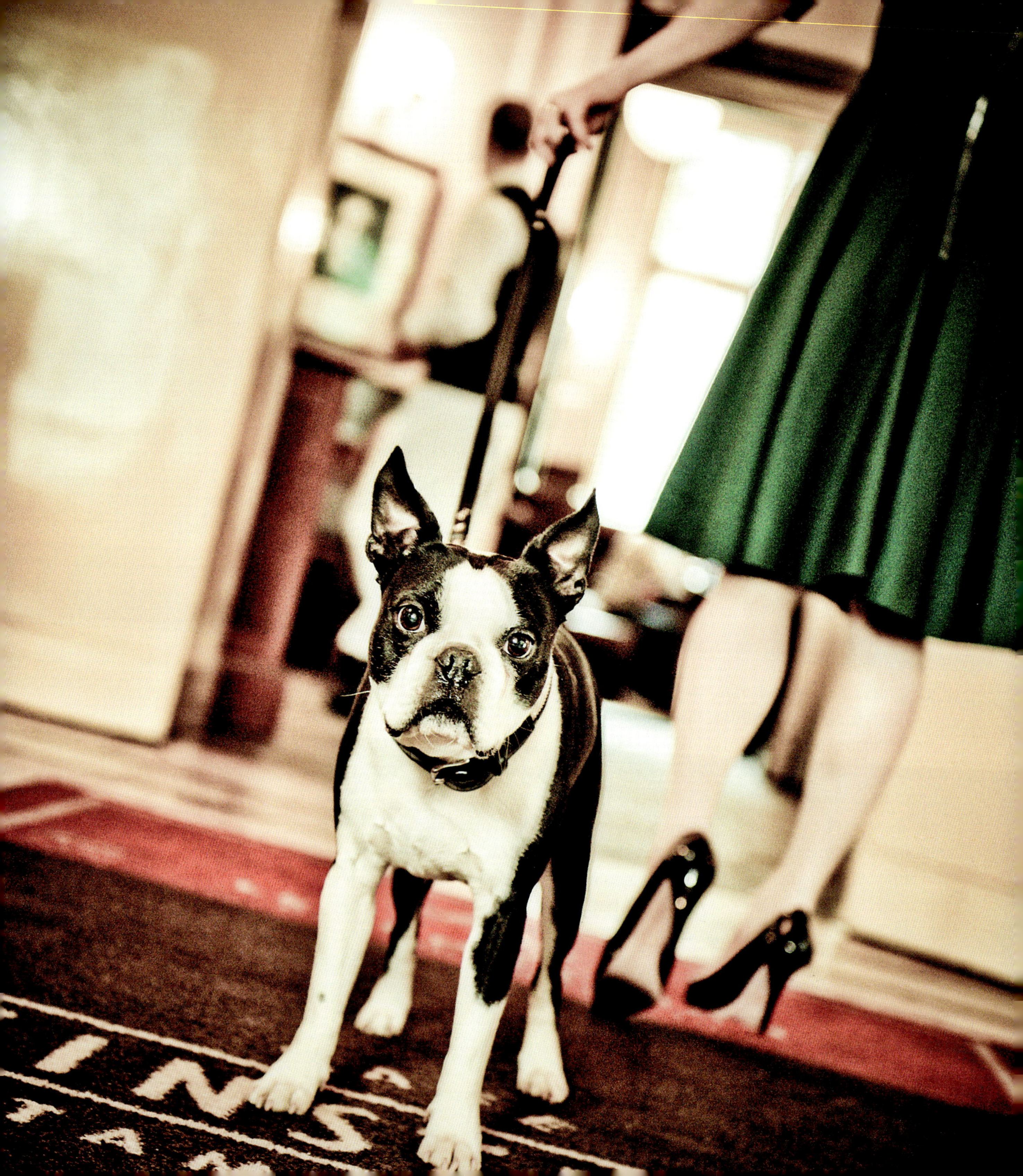

Immer wieder in den letzten 300 Jahren wurde das Kaffeehaus totgesagt. Und auch heute fragen sich viele, ob in der Ära der anonymen Coffeeshops, die in unseren Metropolen an jeder Ecke wie Pilze aus dem Boden schießen, überhaupt noch echte Kaffeehäuser Wiener Stils existieren. Immerhin hat eine soziologische Untersuchung zur Entwicklung und Bedeutung des Cafés in Deutschland bewiesen,[7] dass das klassische Kaffeehaus mit seinen ursprünglichen Merkmalen vom Aussterben bedroht ist. Beim Betreten des *Café Einstein* an einem Sonntagmittag weiß man allerdings, dass das Wiener Kaffeehaus nie lebendiger war. Was sind neben dem bisher Genannten darüber hinaus die markanten Züge eines richtigen Kaffeehauses? Die Antwort muss eindeutig lauten: guter Kaffee; und das sagt sich leichter, als er geröstet ist. Natürlich reicht es einigen Menschen, wenn der Kaffee vor allem heiß und billig ist. Nicht wenige wiederum legen Wert auf eine perfekte Röstung der Bohnen, und auf viele von diesen trifft man im *Einstein*.

Jeder, der guten Kaffee schätzt und auf einer Reise schon einmal auf diesen verzichten musste, weiß, was Sehnsucht ist. Als ich eine Zeit lang in London lebte und im Meer der immer gleich gestalteten Coffeeshop-Filialen unterzugehen drohte, war ich beherrscht von dem obsessiven Gedanken an einen guten Caffè Latte Berliner Provenienz. Aber es ist den Engländern einfach nicht übel zu nehmen, dass sie keinen Kaffee machen können. Und so trank ich Tee und hielt es mit der treffenden Bemerkung des britischen Schauspielers Bob Hope: »Die Engländer sind das diplomatischste Volk der Erde. Wer sonst würde einem mit so freundlichem Lächeln so einen Kaffee vorsetzen?«

Dem Dichter Joachim Heinrich Campe muss es vor mehr als 200 Jahren während einer Reise nach Paris ähnlich gegangen sein. In einem Brief beschwert er sich verstimmt über ein äußerst unangenehmes Kaffeehausabenteuer: »Wir fragten den Postillion, ob es ein Kaffeehaus gebe, und auf sein ›Sans doute!‹ befahlen wir ihm, uns erst dahin zu bringen. Er hielt bald darauf vor einem Hause still, welches schon von außen einer gemeinen Bierschenke wie ein Tropfen Wasser dem andern glich, und sagte: ›Nous y voilà!‹. Aber Himmel! wie ward uns, da man uns eine dunkle und schmutzige Treppe hinauf, durch eine alte Polterkammer nach der andern in ein Loch führte! Dieses grässliche Kaffeehaus. Die Haare standen uns bei dieser Entdeckung zu Berge; wir eilten, so geschwind wir konnten bezahlten den ungenossenen Kaffee und warfen uns, mit Ekel und Unwillen erfüllt, in den Wagen.«[8]

EINE KAFFEEHAUS-KULT-TOUR

»Dieser Kaffee landet in Ihrem Magen. Und von dem Augenblick an gerät alles in Erregung: Die Ideen setzen sich in Marsch wie die Bataillone der Grande Armée auf dem Schlachtfeld, und die Schlacht wird ausgetragen.«

Honoré de Balzac

Eins vorweg: Die Wiener haben weder den Kaffee noch das Schnitzel erfunden. Bitte verraten Sie einem echten Wiener allerdings nicht, dass Sie das von mir wissen. Denn zu dem, was ein Wiener Kind über seine Stadt lernen muss, gehört folgende Geschichte:

1683, zweite Türkenbelagerung. Wien ist ziemlich am Ende. Man sieht sich schon besiegt, doch da hat jemand einen Plan, und einen guten noch dazu: Die letzten Rinder sollen geschlachtet und vor die Stadt geworfen werden. Anfangs sind die Wiener dagegen, hieße das doch, gar nichts mehr zu essen zu haben. Aber dann tun sie wie ihnen geheißen.

Der Anblick des Rindfleisches hat auf die Belagerer die erhoffte Wirkung. Perplex darüber, über welche Unmengen an Vorräten Wien offenbar verfügt, werden die Türken mürbe und geben sich geschlagen. Allerdings lassen die Wiener ihre Widersacher nicht ziehen, ohne ihren eigenen Vorteil daraus zu schlagen: Das Rindfleisch wird zu Wiener Schnitzel verarbeitet. Und die Wiener behalten den Kaffee, den die Türken mitbrachten.[9] Damit hätten wir dann, so ganz nebenbei aus dem Krieg geboren, das, was wir heute an unseren Kaffeehäusern so lieben.

Derzeit kommt dem Kaffee nach Erdöl die zweite Position als legales Welthandelsprodukt zu, er wird in den Tropen von etwa 70 Ländern der Erde angebaut und in noch weit mehr Ländern getrunken. Für ungefähr 25 Millionen Menschen bedeuten Anbau, Transport, Verarbeitung und Vertrieb von Kaffee ein breites Betätigungsfeld.[10]

Die Kulturgeschichte des Kaffees und des Kaffeehauses ist sehr gut erforscht und perspektivenreich, die zum Thema erschienenen Bücher, CDs und Doktorarbeiten sind ebenso zahlreich wie die unterschiedlichen Kaffeesorten, die es heute gibt. Besonders empfehlenswert sind die Darstellungen von Ulla Heise und Felipe Ferré. Der Künstler Gerald Uhlig, dem heute das *Café Einstein Unter den Linden* gehört, formuliert es treffend: »Ich glaube, wenn man eine Kulturgeschichte über die Caféhäuser schreiben würde, wäre es ein umfangreicheres Werk als das von Goethe und Shakespeare zusammen.«[11]

▼ »Ein Cave Schenck« mit Getränke-Utensilien, Kupferstich, koloriert (um 1730) von Martin Engelbrecht.

Doch das war nicht immer so. Bis um 1600 ist Kaffee in ganz Europa nahezu unbekannt. Auf Reisen in den Orient bemerken europäische Kaufleute dann einfache Bretterhütten, in denen Männer stundenlang schweigsam rauchend und über ein Brettspiel gebeugt verweilen, neben sich eine winzige Tasse mit einem schwarzen Getränk. Diese schwarze Flüssigkeit, so berichten die Reisenden, soll ganz außerordentliche Wirkungen hervorrufen, die Menschen erstmals bei Ziegen beobachten, die von der Pflanze fraßen, aus der das Getränk erzeugt wird. *Caova* nennt es Prosper Alpinus, der Portugiese Pedro Teixeira notiert *kavah*. Auch die Bezeichnungen *qahwah* und *kavheh* tauchen auf.[12]

Im Jahr 1624 legt das erste mit Kaffeesäcken voll beladene Schiff im Hafen der Lagunenstadt Venedig an. Der »Türkentrank« erreicht Europa – eine bisher dreihundertjährige Erfolgsgeschichte beginnt, denn mit der Bohne, um die sich bis heute zahlreiche Legenden ranken, importieren die Kaufleute auch ein neues Lebensgefühl. 1645 wird am Markusplatz das erste Café Europas eröffnet. Bald hört man vielerorts staunend Gerüchte vom *courieusen Caffée-Haus zu Venedig*, jener Taverne ohne Wein, und von dem dort ausgeschenkten geheimnisvollen *schwarzen Wasser*.

> »Man trinkt … große Mengen … Arm und reich trinkt mindestens zwei Tassen am Tag, und er gehört zu den Dingen, die der Mann seiner Frau nicht vorenthalten darf.«
> Jean de Thevenot, Relation d'un Voyage fait au Levant (1665)[13]

Noch ahnt sicherlich niemand, welch entscheidenden Einfluss das *schwarze Wasser* ab spätestens 1700 auf die Trink- und Esskultur der Europäer nehmen soll.

Nach den Venezianern sind es dann nicht etwa die Österreicher, sondern die Briten, die Kaffeehäuser einrichten. Zwischen 1652 und 1690 werden in London über 2000 *Coffee Houses*, *Coffee Shops* und *Coffee Stalls* eröffnet, die vor allem auch in der Hoffnung ihre Tore öffnen, die weitverbreitete Trunksucht einzudämmen.[13] Marseille folgt 1659, Den Haag 1664. In Paris treffen die ersten Kaffeebohnen bereits 1645 ein, werden als solche aber nicht erkannt und als *mûres* (Maulbeeren) bezeichnet.

Als die feine Gesellschaft von Paris sich in den Stadtpalast des türkischen Gesandten aufmacht, um sich mit dem modischen »Türkentrank« bewirten zu lassen, meint Madame de Sévigné verächtlich zu wissen: »Das Kaffeetrinken ist eine Mode, die ebenso wie der Schriftsteller Racine dem Vergessen anheimfallen wird.«[14]

In dieser durch den darüber empörten Voltaire in Umlauf gebrachten Vermutung sollte sich die Dame irren, denn der Siegeszug des Kaffees ist nicht aufzuhalten. Die Bohne kennt allerdings nicht nur Bewunderer in Europa. Harmlos ist da noch die Beschwerde der am Pariser Hof weilenden Gräfin Liselotte von der Pfalz. 1715 mault sie: »Ich kann weder thé noch … caffeé drincken, all das frembdt Zeug ist mir zuwider. … Ich kann in diesem Stück wie in viellen anderen gar nicht à la mode sein …«[15]

Coffeomanie, Kaffeewut und Kaffeesucht sind zeitgenössische Begriffe, die man vor allem in Deutschland oft zu hören bekommt. Hier wird gar vor dem Ausbruch einer gefährlichen und schwer ausrottbaren »Caffee-Seuche« gewarnt.[16] Dem Kaffee werden allerlei rätselhafte Eigenschaften und Wirkungen zugeschrieben; unter anderem hegt man die Hoffnung (und andererseits die Angst), das dunkle Getränk habe Auswirkungen auf die Libido. So geht ebenso die Legende, Mohammed könne nach dem Kaffeegenuss ohne weiteres mit 40 Frauen geschlafen haben wie der Verdacht besteht, dass »der übermäßige Gebrauch dieses Wassers die fleischlichen Lüste vertilget«, so der deutsche Orientreisende Adam Olearius im Jahre 1656.[17]

Libido hin – Libido her: Spätestens als sich die Türken vor Wien geschlagen geben (wir erinnern uns an den Ursprungsmythos vom Wiener Schnitzel), gibt sich die westliche Welt ganz der »gottgefälligen Droge« hin.

▲ Kaffeepflanze (Brockhaus Bilder-Conversations-Lexikon, Leipzig 1837–1841).

DER KAFFEE KOMMT NACH BERLIN

In Deutschland werden die ersten Kaffeehäuser in Bremen (1673), Hamburg (1677), Würzburg (1669) und Leipzig (1694) eröffnet. Berlin erreicht der Kaffee verhältnismäßig spät. Die erste Abbildung einer Kaffeepflanze erscheint 1682 im Diaeticon des kurfürstlichen Hofmedicus und Botanicus Johann Sigismund Elßholtz, der den Kaffee in die Kategorie der »neumodischen Ausländischen Schlürfftränke« einordnet, ihn aber dennoch als Therapeutikum empfiehlt, das in hohen Dosen einzunehmen sei.[18] Kurfürst Friedrich Wilhelm ist das erste »Opfer« seines Leibarztes – treffend, möchte man meinen, da Berlins heutiges Traditionscafé, das *Einstein*, in der Kurfürstenstraße liegt.

Der älteste Hinweis für eine Berliner Kaffee- und Teeschänke findet sich 1697. Es ist jedoch in dieser Zeit kein konkreter Nachweis über die Existenz von Kaffeehäusern belegbar und daher sehr gut möglich, dass die Berliner Kaffeeschänke lediglich Angestellten am Hof und der ganze Betrieb den höfischen Kreisen vorbehalten ist.

Das erste echte Berliner Kaffeehaus ist 1722 dokumentiert. Der Soldatenkönig Friedrich Wilhelm I. hat einen Cafétier von hervorragendem Ruf aus Den Haag angeworben. Monsieur Olivier unterstreicht durch seine schwarze Hautfarbe zudem das Exotische und Fremdartige des stimulierenden Getränkes und ist somit die beste Werbung für das Produkt selbst. Das Werben für Kaffee mit dunkelhäutigen Menschen sollte sich in der späteren Kaffeewerbung noch lange fortsetzen.

Auf dem Areal des Lustgartens lässt der König für Monsieur Olivier das *Café Royal* errichten. Der große Saal des Cafés ist mit den noch heute für Kaffeehäuser typischen kleinen Marmortischen und prachtvollen Spiegeln an den Wänden ausgestattet. Damals gibt es außerdem das obligatorische Billard. Zunächst wird das Kaffeehaus Treffpunkt der wichtigsten Klienten des Königs, seiner Gardeoffiziere.

Noch im Jahr 1769 bringt es die stetig anwachsende Residenzstadt gerade einmal auf 13 Kaffeehäuser; hinzu kommen sechs weitere, die im Tiergarten gelegen sind. Gegenwärtig unvorstellbar: Der Tiergarten, ganz in der Nähe des heutigen *Café Einstein*, befindet sich noch außerhalb der Stadt.

▼ Werbeplakat (um 1936).

Dort, wo sich heute ganz Moabit zum sonntäglichen Grillen trifft, findet sich im 18. Jahrhundert die adelige Gesellschaft in Kaffeehäusern und Vergnügungslokalen mit abenteuerlichen Namen wie *Elysium* oder *Die Hofjäger* ein und trinkt »Chocolade, Thee, Kaffee, Limonade und Orangeade« – dazu gibt es »Butterbrod, Schinken und braunschweigische Wurst, danziger Brandwein und kalt Rindfleisch«.[19]

Mit seiner Kaffeehausdichte liegt Berlin aber selbst im innerdeutschen Vergleich keineswegs vorn. Auch wenn Kaffee durchaus beliebt ist, so sind an der Wende zum 18. Jahrhundert die Berliner Kaffeehäuser noch mäßig frequentiert, was vor allem daher rührt, dass Kaffee zu dieser Zeit in Berlin einen ausgefallenen Luxusartikel darstellt. Ein Lot Kaffee (etwa 17 Gramm) kostet damals den Betrag von einem Groschen, was dem maximalen Tageslohn einer Spinnerin entspricht.[20] So kennen die meisten Berliner nur den Schluck Kaffee am Morgen. Der preußische Aufklärer Friedrich Gedike will, fern jeder Realität, die Ursache für die leeren Berliner Kaffeehäuser allerdings darin sehen, dass »der Müßiggänger (in Berlin) freilich nicht genug (seien), dass die Kaffeehäuser … sehr fleißig besucht würden.«[21]

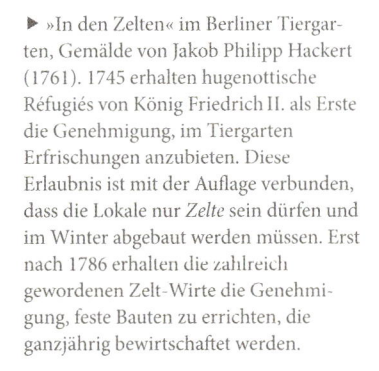

▶ »In den Zelten« im Berliner Tiergarten, Gemälde von Jakob Philipp Hackert (1761). 1745 erhalten hugenottische Réfugiés von König Friedrich II. als Erste die Genehmigung, im Tiergarten Erfrischungen anzubieten. Diese Erlaubnis ist mit der Auflage verbunden, dass die Lokale nur *Zelte* sein dürfen und im Winter abgebaut werden müssen. Erst nach 1786 erhalten die zahlreich gewordenen Zelt-Wirte die Genehmigung, feste Bauten zu errichten, die ganzjährig bewirtschaftet werden.

▲ Berliner Schäferszene (um 1780), kolorierter Kupferstich von J. Mynde.

KAFFEE UND KRIEG

Zu allen Zeiten ist die Kulturgeschichte des Kaffees eng mit der weniger erfreulichen Geschichte des Krieges verwoben. Um ein Beispiel zu geben: 1763: Ende des Siebenjährigen Krieges. Preußen ist pleite und Friedrich muss sich etwas überlegen. Ihm, der seinen Kaffee mit Pfeffer gewürzt haben soll, reicht es. Was der Philosoph Foucault später als »Getränk der Aufklärung« bezeichnen sollte, macht der große König nach dem zermürbenden Krieg zum neuen Staatsfeind Nummer eins, den »braunen Sohn der Tropen«: den Kaffee. Ohnehin ist ihm die »Kaffeesache« schon lange ein Dorn im Auge, denn sie erscheint ihm unsoldatisch und weibisch. Dahinter steht sicherlich auch der Hass Friedrichs II. auf die österreichische Kaiserin Maria Theresia, seine Erzfeindin, die er auf das blutigste bekriegt. Jene ist dem Kaffee nämlich absolut verfallen, herrscht doch an ihrem Hof die sogenannte Türkenmode (*Turquerie*) – Ausdruck einer theatralischen Schwärmerei für den angeblichen Luxus und die auf die orientalische Lebensweise projizierte Sinnlichkeit.

Wie groß muss die königliche Bestürzung sein, als seine Soldaten ihm sagen: »Ohne Gaffee gönn' mir nich gämpfen«?[22]

Seit 1766 ist die Einfuhr des Kaffees Staatsmonopol, das Rösten ebenfalls. »Brennscheine« erhalten nur die ersten Stände: Adelige, Geistliche und hohe Beamte. Seinem Volk erklärt der hagere König, es solle sich wieder an das Bier gewöhnen, das wäre zum Besten seiner eigenen Brauereien, und im Übrigen seien Seine Königliche Majestät Höchstselbst in der Jugend mit Biersuppe großgezogen worden. Bier sei zudem viel gesünder als der Kaffee, an den sich inzwischen ein jeder Bauer gewöhnt habe. Doch dem Volk bleibt keine Wahlfreiheit. Friedrich führt eine hohe Kaffeesteuer und eine besondere »Kaffee-Administration« ein.[23]

Er lotst den französischen Steuerpächter La Haye de Launay und 200 seiner besten Leute nach Preußen. Die Steuereintreiber, die sogenannte *regie*, weiß, wie man das letzte Geld aus den Untertanen herauspresst. Die Liste der zu besteuernden Waren ist lang und die Kaffeesteuer exorbitant hoch. Unter diesen Vorzeichen wird Kaffee zum Schmuggelgut. Kaffeetrinken und privates Rösten werden unter Androhung

▶ Abb. rechts: Wohl bekanntestes Beispiel der *Turquerie* des 18. Jahrhunderts ist Mozarts Singspiel »Die Entführung aus dem Serail« (1782). Die Abbildung zeigt die Marquise de Pompadour als »Türkische Dame« (1747). Gemälde von Charles André van Loo.

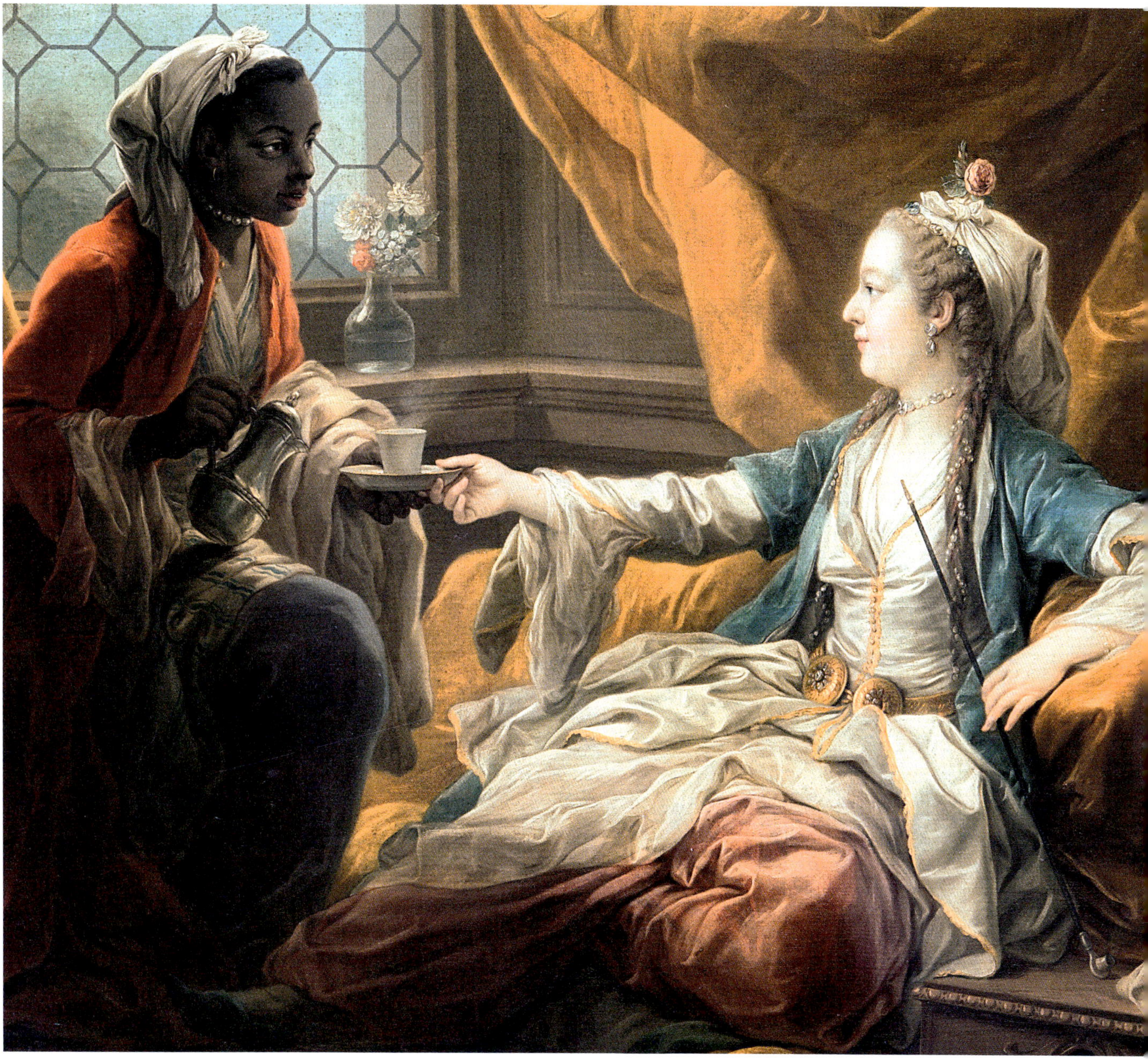

schlimmster Strafen verboten, während die verhassten Kontrolleure, die »Kaffeeriecher« oder »Kaffeeschnüffler«, jedes unschuldige Kaffeekränzchen terrorisieren.

Und doch: Der Alte Fritz kann den Kampf gegen den Kaffee nicht über seinen Tod hinaus aufrechterhalten. Als er 1786 einsam und verbittert in Potsdam stirbt, werden unter seinem Nachfolger Friedrich Wilhelm III. das Kaffeeröstmonopol und die gefürchteten Kaffeeriecher abgeschafft.

Das Speisen ist seit der Napoleonischen Eroberungswelle an der Schwelle zum neuen Jahrhundert und mit der damit einhergehenden Kaffeeknappheit in deutschen Kaffeehäusern üblich. Die Ursache für jene Kaffeedürre ist, dass es im Zuge des von Napoleon 1806 gegen England verhängten *blocus continental*, der Kontinentalsperre, keinen Kaffee mehr gibt. Unter den Bedingungen des Zwangsverzichts auf die begehrte Ware aus Übersee bieten die Betreiber der Kaffeehäuser kleine warme Mahlzeiten an, um ihre Gäste dennoch zu halten.

Alles geht vorüber, auch die Kriege gegen Napoleon. Dieser wird 1815 endgültig geschlagen und auf die einsame Atlantikinsel Sankt Helena verbannt. Endlich haben die Kaffeehäuser ihren Kaffee wieder. Und auch das Essen im Café bleibt.

1825, unter friedlicheren Bedingungen, folgt eine Kaffeehaussensation: Der Wiener Zuckerbäckergeselle Johann Georg Kranzler eröffnet an der Ecke Friedrichstraße/Unter den Linden eine bescheidene Konditorei. Das *Kranzler* läuft bald so gut, dass sich sein Inhaber 1833/34 einen Umbau und die Aufstockung des Gebäudes durch den bekannten Architekten Friedrich August Stüler leisten kann.

Das bislang auf ungefähr 30 Gäste ausgelegte Lokal umfasst nun das gesamte Erdgeschoss und birgt unter anderem Berlins erstes Raucherzimmer. Den Atem raubt den Berlinern allerdings erst der Bau der »Rampe«, einer Straßenterrasse. Eine Revolution! Damit entsteht Berlins erste und auf lange Sicht einzige Kaffeehausterrasse, die unter dem Schutz des Königs alle Beseitigungsangriffe der Baupolizei übersteht.[24]

Zu Beginn des 19. Jahrhunderts entstehen zahlreiche kleine Konditoreicafés, später auch Lesekonditoreien, die für das Berlin jener Zeit typisch und im Vormärz zum Treffpunkt für politische Diskussionen werden. Als ganz Berlin auf die Barrikaden und wieder heruntersteigt, erfindet Michael Thonet 1848/49 den nach ihm benannten Stuhl, der fortan zur Ikonografie eines jeden Kaffeehauses gehört.

◀ Historische Postkarte (Detail). Jeder Reisende im kaiserlichen Berlin muss das *Café Bauer* und das *Café Kranzler* besucht haben.

1871 wird Berlin Hauptstadt. Zwei Jahre darauf findet in Wien die Weltausstellung statt und Kaffeehäuser Wiener Art verbreiten sich allenthalben in Europa. Direkt gegenüber dem *Café Kranzler* Unter den Linden eröffnet 1877 ein Wiener Cafétier das *Café Bauer* im luxuriösen Stil der Belle Époque. Charakteristisch für diesen Kaffeehaustyp sind die Vielzahl der Räume und die festliche Stimmung. Die Gäste trinken ihren Kaffee nicht länger in einem Nebenraum wie in den typischen

Berliner Konditoreien, sondern erstmals in einem repräsentativen Saal, der im Falle des *Café Bauer* an die hundert Gäste fasst. Außerdem gibt es ein Billardzimmer, Galerieräume sowie ein Lese- und ein Damenzimmer. Hierbei ist anzumerken, dass man Damen in *seriösen* Kaffeehäusern bis etwa 1880 kaum antrifft (weibliche Bedienungen gibt es hingegen), da ein Besuch dieser als degoutant gilt. Die äußerst innovative Einrichtung von Damenzimmern ermöglicht nun auch dem weiblichen Geschlecht den Besuch öffentlicher Kaffeehäuser.

»Vetter Briest vom Alexanderregiment, ein ungemein ausgelassener junger Leutnant, … stellte sich den Damen für jede dienstfreie Stunde zur Verfügung, und so saßen sie denn mit ihm bei Kranzler am Eckfenster oder zu statthafter Zeit auch wohl im Café Bauer und fuhren nachmittags in den Zoologischen Garten, um da die Giraffen zu sehen, von denen Vetter Briest, der übrigens Dagobert hieß, mit Vorliebe behauptete, sie sähen aus wie adlige alte Jungfern.«

Theodor Fontane, Effi Briest (1896)

Das Innere des *Café Bauer* ist ein Musterbild neobarocker Raumpracht, und sein Glanz ist kaum zu übertreffen. Das Interieur schmücken zahlreiche Wandbilder wie, unter anderen, der sechsteilige Zyklus *Das römische Leben* von Anton von Werner.[24] Zwischen den runden Tischen wachsen Kübelpalmen, und der Portier trägt – erstmals in Berlin – eine goldbetresste Livree. Es gibt 600 europäische Tageszeitungen für die Gäste, und allein drei Angestellte sind damit beschäftigt, diese Zeitungen täglich zu sortieren. Eine weitere technische Innovation macht das *Café Bauer* zum unbestrittenen Kaffeehaus der Superlative: 1884 ist es das erste Café, das mit elektrischem Licht ausgestattet wird. Werner von Siemens baut das erste elektrisch betriebene Kraftwerk – einen Dynamo – im Keller des Hauses ein, das den kompletten Block versorgt. Angeblich wird die Turbine so heiß, dass die Kellner die Lichtmaschine mit Stangeneis aus dem Champagnerkeller kühlen müssen.[25]

◀ Historische Postkarte: Berlin zur Kaiserzeit. Der Blick auf die feierliche Rückkehr von der Parade ist eine der großen Sensationen des *Café Bauer* auf der Linden-Avenue.

Häufig begibt sich Wilhelm I. hoch zu Ross zum nicht weit entfernten Schloss oder zum Tiergarten. Dann säumen unzählige Menschen die Straßenränder. Bauer selbst vermietet seine Balkons, wenn der Monarch erwartet wird. Ein Brötchen mit Käse kostet zu dieser Zeit im *Café Bauer* eine Mark, eine Wein-Suppe 75 Pfennig.

Als Wilhelm I. 1888 beerdigt wird, belaufen sich die zusätzlichen Tageseinnahmen des geschäftstüchtigen Konditors auf 2460 Mark, der aus Gründen der Pietät diesen Gewinn allerdings an die gemeinnützige Invalidenbank abführt.[26]

Das *Café Bauer* sollte nur ein halbes Jahrhundert lang existieren, um dann den modern gewordenen »Bierpalästen« zu weichen. DDR-Imagegestalter würden anlässlich der 750-Jahr-Feier Berlins versuchen, das traditionsreiche Café neu zu beleben. 1987 eröffnet das *Grand-Interhotel* auf der gegenüberliegenden Straßenseite des ehemaligen *Café Bauer*. Doch, so weiß die Biografin des berühmten Kaffeehauses Renate Petras zu berichten: Maria Bauer, die Urenkelin des Gründers, wird nicht um Zustimmung ersucht und betrachtet die Aktion als einen »Akt unseriöser Geschäftstätigkeit« der DDR.

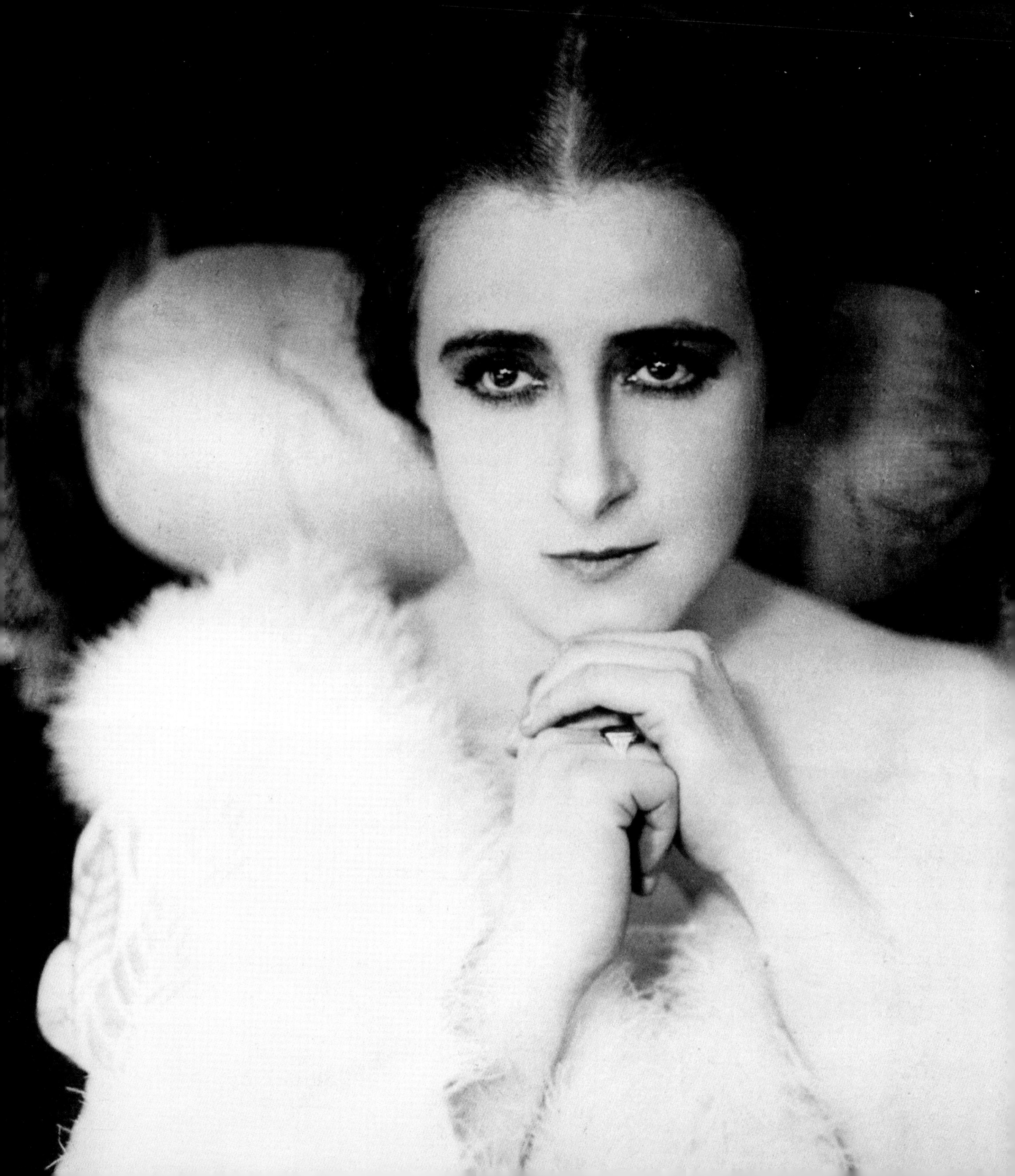

DIE HAUSHEILIGE DES CAFÉ EINSTEIN: HENNY PORTEN

Es ist nun an der Zeit für eine kurze Pause auf der Reise durch die Kaffeehausgeschichte Berlins, denn das Wichtigste gilt es noch einmal zu betonen: Kaffeehaussitzen ist eine Philosophie, in der Pausen essenziell sind.

Dies drückt bereits das bekannte Zitat des Dichters Hermann Kesten vom Kaffeehaus als Wartesaal der Poesie aus. Er schreibt: »Ich habe einen guten Teil meines Lebens im Kaffeehaus verbracht, und ich bedaure es nicht. Das Kaffeehaus ist der Wartesaal der Poesie. Das Beste am Kaffeehaus ist sein unverbindlicher Charakter. Da bin ich in einer Gesellschaft, und keiner kennt mich. Man redet, und ich brauche nicht zuzuhören. Ich sehe einen nach dem anderen an und erkenne alle. … Zuweilen statte ich mir selber einen Besuch im Kaffeehaus ab. Ringsum sind Spiegel mit zahlreichen gespiegelten Spiegeln, ich nicke meinem Bild zu und sage: Guten Abend, alter Freund! Ein großer Teil des Lebens hat Platz im Kaffeehaus, von der Liebe zum Tod, vom Spiel zum Geschäft, nur leiht das Café dem großen Publikum die falsche Leichtigkeit eines Balletts. Die meisten Leute gehen ins Café wie auf Urlaub vom täglichen Leben.«[27]

Im *Café Einstein* kann man Henny Porten in die Augen schauen. Ihr Porträt hängt so, dass man sie beim Eintreten in ihren ehemaligen Salon, der heute Gastraum ist, sofort als Hausherrin und Hausheilige ausmachen kann. Ihr Gesicht ist Stummfilm par excellence, denn die Augen sagen alles. Henny Porten, die hier Zwiegespräche mit den Seelen der Gäste führt, zählt zu den ersten Stars des Kinos. Sie ist die Mutterikone des frühen Films, von der göttlichen Marlene Dietrich angehimmeltes Gegenbild derselben und stand für 200 Filme vor der Kamera. Was alle wissen: Henny Porten hat in der Villa in der Kurfürstenstraße 58 gelebt. Da dies ein alter Hut ist, sei nur kurz zusammengefasst, was die Zeitung *Die Welt* im Jahr 2000 zu berichten weiß:

»Das heutige Kaffeehaus bewohnte Henny Porten von 1928–1930. Der große Gastraum war früher ein Kasino. Die kleine gemütliche Bibliothek … wurde nach

◂ Abb. links: Henny Porten. Aufnahme aus dem Ufa-Film *Die Große Pause*, veröffentlicht in *Tempo* vom 27. September 1928.

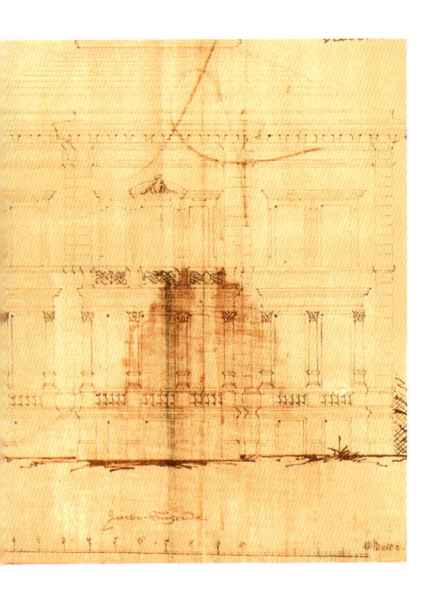

▲ Originale Bauzeichnung der Rossmann-Villa von 1878 (Detail).

Henny Portens Auszug von den Nazis als illegales Kasino genutzt.« Wer genau nachforscht, wird herausfinden, dass es tatsächlich die Freunde von Henny Porten und ihrem Mann Dr. Wilhelm Ritter von Kaufmann-Asser waren, die hier feierten.

Der einen Darstellung zufolge lebte Henny ihr Leben lang in der Villa, nach der anderen wiederum nur wenige Jahre, dann wieder – heimlich – während einer wilden Affäre, wann jedoch, steht in den Sternen. In einem Buch heißt es, »zog es sie« gar »an ihrem Lebensabend zurück zu ihren Wurzeln, nämlich nach Berlin, wo sie zeitweise eine Villa in der Kurfürstenstraße 58 (Gedenktafel am *Café Einstein*) bewohnte und nach schwerer Krankheit 1960 verarmt verstarb«.[28] Dann taucht noch die Variante auf, Goebbels habe der Schauspielerin die Villa vermacht, und ein bekannter Gastro-Kritiker gerät vollkommen durcheinander: »War einmal ein Filmstar, hieß Hedy Lamarr und hat in dieser Villa gewohnt«.[29]

Wie auch immer: Fest steht, dass Mythen meist schöner als die Geschichte selbst sind. Der Mythos ist *absolut*. Er haftet am Zufall, am Wunsch, an Emotionen, am Gegenstand. Nur dort, wo etwas einen unerklärlichen Zauber, ein »es muss sein« ausstrahlt, können Mythen entstehen. Außerdem liegt in der Faszination des Stars schließlich sein Geheimnis, also in dem, was man von ihm nicht *weiß*, sondern nur *ahnt*. So lässt man Henny Porten am besten dort, wo Generationen von Journalisten, Buchautoren, Gästen und Angestellten des Kaffeehauses sie platziert haben: auf jenem Nährboden für Mythen, den das *Café Einstein* bietet.

Es wird sich noch vielfach erweisen, wie viele denkbare Möglichkeiten und wahrscheinliche Zufälle es für Henny Porten gegeben haben mag, sich in der Kurfürstenstraße 58 aufzuhalten, zu einer Zeit, in der Berlin die aufregendste Metropole Europas ist. Und immerhin heißt die Veranstaltungskauffrau, die heute im *Einstein* die Fäden hinter diversen Hochzeiten, Geburtstagen und anderen Events zieht, Henny. Aber beginnen wir von vorn.

NÄHMASCHINENFABRIKANT ROSSMANN BAUT EINE VILLA

Sommer 1857. Ein junger Mann namens Gustav Rossmann sitzt auf der Terrasse des Café Kranzler und bestellt sich beim Kellner einen Einspänner. Die Pferdeomnibusse ziehen in ruhigem Strom vorüber, reges Treiben herrscht auf dem Prachtboulevard Unter den Linden. An Henny Porten und den Film ist ebenso wenig zu denken wie an das Automobil.

Rossmann, der mit seiner Zeitung allein an einem der Tische sitzt und raucht, wird – selbstverständlich ganz ungewollt – Zeuge eines Gesprächs am Nachbartisch. Drei Damen mit großen Hüten befinden sich dort in Gesellschaft eines korrekt gekleideten Herrn, essen Torte und trinken Kaffee. Es dreht sich in ihren Gesprächen um die Politik, um Verwandtschaft und Krankheiten, um den Verlauf des im Vorjahr beendeten Krieges auf der Krim und schließlich um die sensationelle Erfindung aus Amerika, die man seit einigen Jahren auch in Europa erwerben kann: die Nähmaschine. Die Frauen schwärmen von den Möglichkeiten der neuen Maschine, die Sonne scheint, der Kaffee duftet, und Rossmann hat eine sehr gute Idee. 1864 eröffnet er in der Markgrafenstraße eine kleine Werkstatt zur Reparatur von Nähmaschinen.

Das Unternehmen wächst unter den Bedingungen der Gründerzeit in rasantem Tempo: Bald werden Nähmaschinen unter Rossmanns Ägide auch gebaut, und dieser beschäftigt um 1886 mehr als 1000 Mitarbeiter, die jährlich bis zu 100 000 Nähmaschinen produzieren. Hinzu kommen sukzessiv Ladenkassen, Gewehrteile, Patronen, Fahrräder, Fernsprecher, Taschengalvanometer, Schreibmaschinen und Batterien. Unterdessen boomt die Wirtschaft, und Berlin wächst zur Millionenstadt heran.

Doch die vielen Menschen müssen auch irgendwo wohnen, und mehr und mehr Ländereien werden in Wohngebiete verwandelt. So auch ein Teil des Lützowviertels in Berlin-Schöneberg zwischen Nollendorfplatz und Lützowstraße – das Kielganviertel, in dem sich heute das *Café Einstein* Stammhaus befindet.

Dem Gutsbesitzer Georg Friedrich Kielgan (Kilian) gehören damals größere Ländereien dort, wo sich heute die U-Bahn-Station Nollendorfplatz befindet. Kielgan geht mit dem Geist der Zeit. Ab 1867 lässt er auf seinem Grundbesitz ein Wohnviertel für wohlhabende Schichten der Berliner Bevölkerung erbauen. Dazu werden, nach den Plänen des Baumeisters Otto Wuttke, für Berlin unüblich, kleine Stichstraßen angelegt und eine Bebauung mit Villen vorgenommen.[30]

Nähmaschinenfabrikant Rossmann kann sich hier schon bald ein Grundstück leisten. 1875 kauft er eines von Architekt Carl Schwatlo, der mit Post- und Telegrafenbauten zunächst reich und durch Spekulationen wieder ärmer geworden ist, sodass er von seinen Grundstücken einige verkaufen muss. Kurz darauf entstehen die ersten »Situations-Pläne« sowie statische Berechnungen für Rossmanns Traumhaus auf dem Grundstück in der Kurfürstenstraße. Im Berliner Adressbuch von 1876 steht für das Gelände der Eintrag »Baustelle« vermerkt. So bleibt es bis zur Fertigstellung der Villa 1878.

Gerade ist die Neorenaissance modern, und in diesem Baustil, in dem übrigens auch das Berliner Reichstagsgebäude entstanden ist, errichten die Architekten, Robert Guthmann und Max Karchow das heutige Kaffeehaus. So steht das Gebäude, das fast 1000 Quadratmeter Fläche auf vier Etagen bietet, mit seiner orangeroten Backsteinverkleidung, den hellen Putz- und Stuckgliederungen, den Fenstereinfassungen und Eckquaderungen heute noch da.

Wie es Rossmann in seiner Villa ergeht, wissen wir nicht. Hat er Kinder? Glück in der Liebe oder doch eher im Spiel? Diese Details verbleiben im Dunkel der Geschichte. Unbestritten ist jedoch: Rossmann nennt ein prächtiges und vornehmes Anwesen sein Eigen.

Später, als die Villa längst einen neuen Besitzer hat, ergeht es ihrem ersten Bewohner wie vielen anderen Zeitgenossen: Die geschäftliche Misere löst den Erfolg ab. Rossmann erwirtschaftet Verluste. Die Liquidation seines Unternehmens erfolgt im Krisenjahr 1929.[31]

▲ »Fashionable Eisesser im
Café Kranzler«, Lithografie von
Baron von Knaller, undatiert
(1870er-Jahre).

BERLINER KAFFEEHÄUSER ZUR ZEIT DES FIN DE SIÈCLE UND IM NEUEN JAHRHUNDERT

Nachdem die Villa in der Kurfürstenstraße fertiggestellt ist, hat ihr Erbauer keine Zeit mehr, ins Kaffeehaus zu gehen, denn Gustav Rossmann lebt in einem Berlin, das in nur drei Jahrzehnten von einer verschlafenen Residenz-, Beamten- und Garnisonsstadt zur modernsten und rasantest wachsenden Metropole Europas mutiert.

Am Puls der Zeit kommt er mit der Produktion seiner Maschinen kaum nach. »Berlin ist Spekulation, ungesunde Tempobeschleunigung, die Stadt schießt hinein ins Auswärts, sie kommt nicht gütig oder werbend«, klagt später der Nationalökonom Alfons Goldschmidt. »Sie reißt Landstücke an sich, sie pfropft ihre Hässlichkeiten hinein.« »Spree-Athen ist tot, und Spree-Chicago wächst heran«, meint der spätere Außenminister Walther Rathenau. Der Amerikaner Mark Twain hält Chicago im Vergleich mit Berlin für »geradezu ehrwürdig. Die Hauptmasse der Stadt macht den Eindruck, als wäre sie vorige Woche erbaut worden.«

In der Tat: Berlin ist das größte Industriezentrum Deutschlands. Fabrikschlote wachsen scheinbar über Nacht in die Höhe. »Jahr für Jahr nimmt die Metropole Massen von Zuwanderern auf. Jeder Zweite in Berlin sieht aus, als wäre er eben erst aus dem Zug gestiegen – desorientiert und entschlossen zugleich. Der echte Berliner ist nicht in Berlin geboren. Der kommt aus Brandenburg, Ostpreußen und Schlesien. … 1905 leben mehr als zwei Millionen Menschen in der Stadt. Die erste elektrische Straßenbahn der Welt startet 1881 in Lichterfelde. Die neue, Zug um Zug eingeführte Stadtbahn ist Europas erste Hochbahn überhaupt. Unter ihren Ziegelarkaden richten sich Läden und Gastwirtschaften ein.«[32] Und während über einem die Waggons rumpeln, bestellt man eine Etage tiefer seinen Kaffee.

Mit dem Bau des U-Bahn-Netzes wird 1896 begonnen. Jetzt hebt das unentwegte Rollen, Rasseln, Rufen, Schnaufen, Scharren, Klingeln und Umherwimmeln an, das wir auch heute noch erleben. Nervosität und Übererregung sind die typischen Symptome dieser Zeit.[33]

Dort, wo viele Menschen leben, entstehen Restaurants, Kneipen und Kaffeehäuser. Das geschieht in Berlin so rapide, dass der Berliner Architekten-Verein 1896 meint: »Der Aufschwung Berlins zur Weltstadt … wird vielleicht durch nichts augenfälliger illustriert, als durch die Entwicklung der Bier- und Kaffeehäuser.«³⁴

Vor allem im »neuen Westen« der Stadt, den Theodor Fontane in seinem Roman *Frau Jenny Treibel* noch als ein »von Spargelbeeten durchsetztes Wüstenpanorama« beschreibt (die Halenseegegend in den 1890er-Jahren), beginnt nach der Reichsgründung 1871 und mit dem Ausbau des Kurfürstendamms zu einer neuen Prachtstraße im Stile der Pariser Avenue des Champs-Élysées eine reiche Kaffeehauskultur zu pulsieren. Neben den Kaffeehäusern entstehen Restaurants, Bars, Theater, Kinos und Geschäfte rund um den Kurfürstendamm. Um nur ein paar Namen zu nennen: 1896 wird das Theater des Westens an der Kantstraße eingeweiht, dem 1902 das Renaissance-Theater an der Hardenbergstraße folgt. 1907 eröffnen das Schiller-Theater sowie das Kaufhaus des Westens und 1912 das Deutsche Opernhaus an der Bismarckstraße; 1913 das Marmorhaus am Kurfürstendamm 236 und der Union-Palast am Kurfürstendamm 26.

Dem Nähmaschinenfabrikanten Rossmann wird es womöglich zu laut hier im neuen Westen, der gewiss kein Wüstenpanorama mehr gleicht. Vielleicht ist er auch kein Mensch des 20. Jahrhunderts oder möchte, auch das gibt es schließlich, einfach nur umziehen. Sein Haus in der Kurfürstenstraße verkauft er im Jahr 1898, an der Schwelle zu einem neuen Jahrhundert.

Herbst 1898, Berlin West, Kurfürstendamm. Für die Jahreszeit ist es, wie so oft in Berlin, viel zu kalt – das Klirren des Frostes und das Krächzen der Krähen liegt bereits in der Luft, und der Wind bläst von Osten leere Blechdosen gegen Bauzäune. Der Boulevard ist die Bühne: Offiziere der kaiserlichen Armee präsentieren sich in festlicher Galauniform auf dem Reitweg der Mittelpromenade den vornehm herausgeputzten Damen in den feinen Cafés.

Ein etwa 35-jähriger Mann mit leicht gewelltem Haar, sensiblen Gesichtszügen und einem unglaublichen Schnurrbart betritt ein kleines Kaffeehaus (heutiges Kranzlereck, Kurfürstendamm 18–19, Ecke Joachimsthaler Straße). Es ist der Komponist und Dirigent Richard Strauss. Gerade hat er seinen *Don Quixote* vollendet und ist mit der Eisenbahn von München nach Berlin gefahren, denn er hat einen Ruf als Erster Königlich Preußischer Hofkapellmeister in der Metropole angenommen.

▲ Postkarte vom Kurfürstendamm.

Strauss hatte zu diesem Zeitpunkt viel von dem kleinen verrückten Berliner Café am neuen Vorzeige-Boulevard im Westen der Stadt gehört, in dem er nun seinen Mantel auszieht, um sich an einen der Marmortische zu setzen – ein Insidertipp, denn erst vor einigen Wochen hatte der italienische Koch Rocco die Leitung des *Café des Westens* übernommen (bald *Café Größenwahn* genannt – wegen seiner »größenwahnsinnigen« Stammgäste), das in Künstlerkreisen in aller Munde ist. Strauss lächelt – denn er denkt, dass er sich, wie der Leiter des Cafés auch, in Berlin erst noch beweisen muss. Der Komponist sieht sich in dem verrauchten Lokal um, es gefällt ihm wohl. Er bestellt ein Glas Wein und blickt auf seine Taschenuhr, denn er wartet auf seinen Verleger. Zur gleichen Zeit schaut dieser, ein etwa 50-jähriger Herr nur wenige Hundert Meter entfernt ebenfalls nervös auf seine Taschenuhr. Es ist bereits nach fünf Uhr. Er flucht leise und klopft mit der Hand seinen schweren schwarzen Mantel ab, so als schaffte er es damit, den Staub von diesem zu entfernen.

Er steht vor seinem Haus in der Kurfürstenstraße 58 und hat eine Verabredung in einem der modernen Kaffeehäuser am Ku'damm. Die Bauarbeiten an seiner gerade erworbenen Villa rauben ihm den Schlaf und verhindern, dass er seinen Geschäften konzentriert nachgehen kann. Überhaupt, so scheint ihm, ist ganz Berlin eine einzige Baustelle. In unmittelbarer Nachbarschaft, in der Lützowstraße, entsteht gerade eine große Hinterhofsynagoge im neogotischen Stil.[35]

Hugo Bock ist Musikverleger – sein Unternehmen ein traditioneller Familienbetrieb. Zu den Künstlern des Verlages zählen bedeutende Tondichter wie Meyerbeer, Offenbach, Flotow, Raff, Rubinstein, Berlioz, Gounod, Verdi, Kiel, Mascagni, Smetana, Kienzl, d'Albert und Max Reger. Um nun diese Meister in billigen Ausgaben zu verbreiten, ist eine damals überdurchschnittlich umfangreiche Herstellung von Noten notwendig. Bock hatte daher den Gedanken, die Strafgefangenen in Moabit und Spandau damit zu beschäftigen. Der Versuch glückt und bringt ihm neben geschäftlichem Nutzen auch den Dank der Behörden ein. Sein ältester Sohn Gustav (er sollte im Krieg fallen), nimmt ihm viele seiner umfangreichen Pflichten ab, denn Bock ist – Leiter des Verlages seit 1871 – müde geworden. Wichtige Projekte wie das mit Richard Strauss übernimmt er jedoch noch selbst. Bock sollte sich übrigens große Verdienste auf dem Gebiet des Urheberrechts erwerben. 1903 ist er mitbeteiligt an der Gründung der *GEMA*, der Gesellschaft für musikalische Aufführungsrechte, die bis heute in Berlin einen Hauptsitz hat.

▶ »Schachspieler« von Jeanne Mammen (1929/1930), Öl auf Leinwand, Berlinische Galerie, Landesmuseum für Moderne Kunst, Fotografie und Architektur.

Der Verleger kehrt der Baustelle den Rücken zu und lässt sich von seinem Fahrer zum Kurfürstendamm bringen, wo er aussteigt. Er betritt das Café, hustet und streicht den ewigen Baustaub von seinem Mantel. Er blickt sich um – Strauss nickt ihm fragend zu –, und Bock erkennt den großen Komponisten sofort, tritt an seinen Tisch und beteuert ihm seine Hochachtung. Bock bestellt. Sie sprechen über Strauss' anstrengende Zugfahrt von München nach Berlin Zoo und über sein bevorstehendes Debüt mit Wagners *Tristan* in der Linden-Oper Anfang November. Bock wünscht sich Premierekarten für sich und seine Frau.

Denn Fanny, so der Kommerzienrat, brauche Abwechslung. Strauss erfährt, dass das Paar eine Villa in der Kurfürstenstraße gekauft hat. Strauss verspricht, das Ehepaar in seinem neuen Anwesen alsbald zu besuchen und freut sich auf die vielen Kinder des Verlegers. Familie Bock sollte übrigens noch bis 1906 in der Kurfürstenstraße 58 leben, danach verliert sich ihre Spur im Ungewissen. Das Familiengrab der Bocks befindet sich auf dem idyllischen Alten St.-Matthäus-Kirchhof in der Großgörschenstraße.

Richard Strauss würde nicht der einzige unsterbliche Stammgast des *Café des Westens* sein, das wie kein anderer Ort im Berlin der Vorkriegszeit ein Magnet für die Künstler- und Intellektuellenszene ist. In jenem von dumpfen Vorahnungen und apokalyptischen Visionen geprägten Fluidum der Stadt, an das die Bilder des Expressionisten Ludwig Meidner erinnern, wird es zum Rückzugsort der Künstler, zum Ausgangs- und Endpunkt ihrer schöpferischen Kraft. Hinzu kommt ein gewisser Voyeurismus, wie er sich in ausgeprägter Form etwa bei der Dichterin Else Lasker-Schüler findet, die wohl wie kaum eine zweite eine Kaffeehausexistenz führt.

▼ Else Lasker-Schüler (Briefmarke).

Einen bunten Schal um den Kopf gewickelt, unter dem ihre schwarzen Augen hervorleuchten, thront sie als Prinz Jussuf von Theben an ihrem Tisch. Das Café gibt ihrem Leben Transparenz; es ist die Bühne, auf der ihre Gedichte entstehen und auf der sich ihre Liebesdramen entwickeln, geschehen und zerschlagen. Sie beschreibt das *Café des Westens* voller Pathos als eine »nächtliche Heimat, Oase, Zigeunerwagen, Zelt, darin wir ausruhen«. 1911 notiert sie: »Ich bin nun zwei Abende nicht im Café gewesen, ich fühle mich etwas unwohl am Herzen. Dr. Döblin kam mit seiner lieblichen Braut, um eine Diagnose zu stellen. Er meint, ich leide an der Schilddrüse, aber in Wirklichkeit hatte ich Sehnsucht nach dem Café.«[36]

Um die Boheme-Fürstin Lasker-Schüler und ihre wechselnden Männer wie etwa Herwarth Walden versammeln sich nicht nur die Pioniere des Expressionismus, sondern auch die Dadaisten und Futuristen. Hier verkehren Roda Roda, Stefan Zweig, George Grosz, Ludwig Meidner, Walter Benjamin, Carl Einstein, Jacob von Hoddis und Franz Werfel.

Im *Café des Westens* entstehen die expressionistischen Zeitschriften *Der Sturm* und *Die Aktion* sowie Wieland Herzfeldes Malik-Verlag, den er in seiner Dachatelier-Wohnung am Kurfürstendamm 76 ansiedelt. Viele der hier Genannten haben das *Café des Westens* in ihren Lebenserinnerungen und Essays sowie in zahlreichen Grafiken, Zeichnungen und Gemälden verewigt.

Die Atmosphäre, die in diesem von der Ausstattung her ganz unscheinbaren Lokal herrscht, wird von seinen Besuchern als Quintessenz eines modernen Lebensgefühls empfunden. Jene kaffeehaustypische Vermischung von Alltäglichem und Sublimem schildert der Lyriker Ernst Blass in einem Zeitungsessay wie folgt:

»Im Café, da war noch die Seele etwas wert … Es war auch ein Zufluchtsort … Es war eine Erziehung zur Gefühlswahrheit … In der Luft lag vor allem van Gogh, Nietzsche, auch Freud …«

Als die Wilhelminische Ära sich dem Ende zuneigt und alle Zeichen auf Krieg stehen, beginnt die Agonie des *Café des Westens*. Else Lasker-Schüler wird 1913, ein Jahr vor Ausbruch des Krieges, aus ihrem Café vertrieben. Wütend schreibt sie einen offenen Brief mit dem Titel *Unser Café*: »Früher war das Stelldichein all dieser ›Radikalen‹ das *Café Größenwahn*. Aber eines Tages verbietet der Besitzer der Dichterin Else Lasker-Schüler, die zu diesem Kreis gehört, das Lokal, weil sie nicht genug verzehre. Man denke! Ist denn eine Dichterin, die viel verzehrt, überhaupt noch eine Dichterin?«[37]

Hintergrund für den Verweis Lasker-Schülers aus dem alten *Größenwahn* ist unter anderem, dass der damalige Besitzer Petry, Roccos Bruder, größere Räume am Kurfürstendamm 26 anmietet. Der Umzug ist mit einigen Kosten verbunden, sodass ab sofort ein strafferes Regiment Einzug hält.

Lasker-Schülers chronische Geldnot ist keine Ausnahmeerscheinung im Berlin dieser Zeit. Gerade im Westen der Stadt polarisieren sich vor den Türen der Kaffeehäuser Arm und Reich in einem geradezu provozierenden Ausmaß. Der französische Berlin-Reisende Ilja Ehrenburg schildert in den 20er-Jahren den neuen »West-Prunk« mit dem scharfen Blick eines Reisenden:

»Wenn man diese in Gold so wie das Schnitzel in Semmelbröseln panierten Damen sieht, diese Restaurants, geheimnisvoll wie Kapellen, diese Nachtlokale, erbaut von einem König Salomon neuen Zuschnitts, dann vergisst man, dass man sich im Zentrum des alten Europas befindet. … Der Luxus des Berliner Westens ist nicht nur ein Phantasiegebilde einiger Snobs, vereinzelter Lebemänner. … Er ist vielmehr der schamlose Reichtum einer ganzen Klasse, Ananas und Kaviar müssen angehäuft sein in den Schaufenstern der Edel-Lebensmittelgeschäfte, sie müssen *en gros* gezeigt werden. Zehntausende ergeben sich dem Luxus mit einer Sorgfalt und Beharrlichkeit, als wäre er ein Beruf.«[38]

◄ Ohne Titel (»Großstadt«, um 1927), Jeanne Mammen, Aquarell und Bleistift, Berlinische Galerie, Landesmuseum für Moderne Kunst, Fotografie und Architektur.

Auf der anderen Seite ist Berlin Sammelbecken einer hohen Anzahl von Zuwanderern aus Osteuropa – politisch Verfolgte, Pogromopfer, Flüchtlinge oder einfach Glücksritter. Viele davon sind Juden, die ihre Zukunftshoffnungen auf die rasch expandierende Metropole richten und dort eine neue Heimat finden. Joseph Roth schildert die Bedingungen, unter denen viele dieser Flüchtlinge aus dem Osten – jene »Lawine aus Unglück und Schmutz« – in Berlin leben müssen.[39]

Gerade unter den in Berlin lebenden Juden gibt es eine scharfe Trennung zwischen arm und reich. So teilt sich das »jüdische Berlin« auf in den proletarischen Osten (Berlin O) und den aristokratischen Westen (Berlin W). Dazwischen liegt das Bellevueviertel (Berlin NW), im jüdischen Volksmund »Nebbichwesten« genannt.[40] Im »Nebbichwesten«, gerade auch im Lützowviertel, leben viele reiche jüdische Ärzte, Rechtsanwälte, Unternehmer und Bankiers. Der Anteil jüdischer Bewohner ist um den Kurfürstendamm mit etwa 25 Prozent besonders hoch. Das Charlottenburger *Statistische Jahrbuch* von 1910 zählt hier 35 811 Bewohner am Kurfürstendamm, von denen 23 410 »Evangelische Christen«, 8095 »Israeliten« und 3732 »Römisch-katholische Christen« sind. 1912 wird in der Fasanenstraße 79/80 unweit des Kurfürstendammes die neue Synagoge eingeweiht. Sie wird zum Dreh- und Angelpunkt des jüdischen Lebens im Berliner Westen. Heute befindet sich dort das jüdische Gemeindezentrum.

Einer der vielen jüdischen Zuwanderer aus der Kaiserzeit ist der Getreidegroßhändler Hermann Jacoby, 1855 im ostpreußischen Rokitten geboren. 1906, als in Berlin die Jahrhundertausstellung stattfindet, kauft er die Villa in der Kurfürstenstraße 58 und zieht mit seiner Familie hier ein. Als unbesoldeter Stadtrat ist Jacoby mit den vielfältigen Problemen der Stadt Berlin bestens vertraut, er setzt sich als liberaler Mäzen nachdrücklich für kulturelle Belange ein und ruft eine Stiftung ins Leben.[41]

Jacoby beginnt seinen Lebensabschnitt im heutigen *Café Einstein* mit kleineren Umbauten. Unter anderem weicht der unter Gustav Rossmann entstandene Pferdestall einer Garage, denn das Automobil hatte seit der Jahrhundertwende begonnen, das Stadtbild Berlins zu prägen, und die Begeisterung für den neuen Götzen der Moderne kennt keine Grenzen. Der ausführende Baumeister der Umbauten in der Kurfürstenstraße ist Max Karchow, der das Haus als sein Architekt hervorragend kennt.

Am 28. Juni 1914 werden in Sarajevo der österreichisch-ungarische Thronfolger Franz Ferdinand und seine Gattin durch einen bosnisch-serbischen Terroristen ermordet. Die anschließende Julikrise führt geradewegs in den Ersten Weltkrieg. Anhand dieses ersten industrialisierten Krieges auf europäischem Boden wird die grundlegend veränderte Natur des Krieges deutlich, der in der Folge einen Paradigmenwechsel in nahezu allen Bereichen des menschlichen Lebens einleitet. Nichts bleibt, wie es war. Als erster »moderner« Krieg prägt er die generationelle Erfahrung der Berliner ebenso wie der gesamten europäischen Gesellschaft.

Auch für die »Gastrosophen« im Kaffeehaus stellt der Krieg einen deutlichen Einschnitt dar. Viele der Kaffeehausgäste werden zum Kriegsdienst eingezogen oder melden sich, wie einige Expressionisten, mit emphatischer Begeisterung freiwillig zu den Waffen. Otto Dix berichtet später, der Krieg sei eine scheußliche Sache, aber trotzdem etwas Gewaltiges. Er, der seine Kriegserlebnisse in zahlreichen Bildern verarbeitet, resümiert: »Man muss den Menschen in diesem entfesselten Zustand gesehen haben, um wirklich etwas über den Menschen zu wissen.«

◀ Soldaten in der Suppenküche an der Westfront (historische Postkarte, 1915).

U.S. hints at payments to
Herald Tr
Nespresso has Nestlé smelling the profit
Scorn at acquittals in Russia journalist's murder

ERSTE POSTUME UNTERHALTUNG
MIT HENNY PORTEN IM CAFÉ EINSTEIN

KB: Guten Morgen, Frau Porten!

HP: Guten Morgen.

KB: Ich freue mich, dass Sie sich die Zeit genommen haben, mit mir ein Gespräch zu führen.

HP: Ich bitte Sie – Zeit spielt für mich keine Rolle mehr. Sie interessieren sich also für mein geistiges Haus. Warum ist es ein Café und warum heißt es *Einstein* – etwa wegen Albert Einstein?

KB: Sie sind die Schutzheilige und die Seele dieses Kaffeehauses – sie sind allgegenwärtig. Der Name Einstein hat nichts mit Albert Einstein zu tun und auch nichts mit Carl Einstein. 1978, als es hier mit dem Kaffeehaus-Rummel losging, hörten die vier Gründer des *Einstein* ohne Unterlass eine Oper von Philipp Glass. Sie heißt *Einstein on the Beach*. Es geht um Raum und Zeit als Phänomene der Wahrnehmung und als Folge locker zusammengefügter Situationen – eben wie in einem Kaffeehaus.

HP: Verstchc. Glass war nach meiner Zeit. Wo befinden wir uns denn gerade in ihren Nachforschungen?

KB: Mitten im Ersten Weltkrieg. Möchten Sie einen Kaffee, einen Espresso oder vielleicht einen Saft?

HP: Ich bin tot. Da spielt das Irdische keine Rolle mehr. Was also wollen Sie von mir wissen?

KB: Nun, beispielsweise ob Sie wirklich in diesem Haus gewohnt haben wie Generationen von Schriftstellern und Tausende Reiseführer und Zeitungen behaupten?

HP: Natürlich habe ich hier gelebt! Es muss sein!

KB: Pardon, wenn ich insistiere, aber ich habe keine Beweise dafür gefunden: Berliner Telefonbücher, Adressbücher, Meldekarteien, andere Archivalien … Ich weiß nur, dass Sie in einer wunderschönen Villa in Berlin-Dahlem gelebt haben – da hat Waldemar Titzenthaler, der allererste Promi-Fotograf Deutschlands, Sie doch auch für die Zeitschrift *Die Dame* porträtiert? Die Aufnahmen von Ihnen und Ihrem Gitarre spielenden Ehemann erschienen 1924.

HP: Das ist richtig. Aber das Leben ist nicht immer so, wie es von außen erscheint. Natürlich könnte ich hier gelebt haben. Glauben Sie etwa, ich habe mich ins Telefonbuch eintragen lassen? In einer Zeit, als es noch nicht selbstverständlich war, dass die berühmte Prominenz die Öffentlichkeit an ihrem Privatleben teilhaben ließ? Ich war immerhin eine der zentralen Persönlichkeiten der Berliner Gesellschaft. Haben Sie überhaupt eine Vorstellung davon, wie viele Verehrer und Fans ich hatte? Ich war *die* Ikone des Stummfilms.

KB: Sie sind immer noch sehr schön – eigentlich sehen Sie noch immer so aus, wie auf dem Porträt, das hinter mir an der Wand hängt.

HP: Danke. Man tut, was man … ach, was soll's: In der Unsterblichkeit lernen Sie perfekt, die Illusion zu beherrschen.

KB: Hm. Da bin ich ja mal gespannt. Und wann haben Sie denn nun hier gewohnt?

HP: (seufzt) Eigentlich ist das ja alles wirklich egal – denn irgendwie habe ich schon immer hier gewohnt und tue es noch – aber, weil ich nun schon hier bin, um Ihnen etwas über mich zu sagen … Mein erster Mann, Curt Stark – ein schöner Mann und ein wunderbarer Schauspieler übrigens, wir haben einige Filme zusammen gemacht …

KB: O ja! Ich habe sie in *Maskierte Liebe* gesehen. Sie waren ein traumhaftes Paar.

HP: Und ob wir das waren! Ich sehe ihn in den Kammern meiner Erinnerungen auftauchen. In diesem Film kamen wir uns übrigens auch hinter den Kulissen näher – ich habe ihn sehr geliebt, wissen Sie. Dann brach im August 1914 der Sturm los. Er war Reserveoffizier. Er schrieb mir ein paar Briefe von der Siebenbürger Front. Dann kam keine Nachricht mehr. Da habe ich schon eine furchtbare Ahnung gehabt.

KB: Er fiel am 2. Oktober 1916.

HP: Ja, ich bekam einen nüchternen Brief. Ich fühlte mich so schuldig, während ich einen Film nach dem anderen drehte … Ich hatte ihn allein gelassen. Aber ich habe mich abgelenkt. In den nächsten Jahren drehte ich wie eine Besessene – ich entsinne mich aber nicht mehr genau … Ich überstand irgendwie den furchtbaren Krieg und auch die Feuer der Novemberrevolution von 1918. Wir befanden uns mitten in den Dreharbeiten, als Schüsse und Alarmsirenen uns unterbrachen. Es herrschte Chaos – ganze Gebäude gingen in Flammen auf.

KB: In diesem Jahr spielten Sie die Hauptrolle in einer Verfilmung des Hauptmann-Stücks *Rose Bernd*. Auch in der Ufa-Verfilmung von *Anna Boleyn* zwei Jahre später unter der Regie von Ernst Lubitsch waren Sie brillant.

HP: (schweigt länger) Danke! Lubitsch, ach ja – ich kannte sie alle: den Kammersänger Richard Tauber, große Schauspieler wie Gustav Gründgens, große Produzenten wie Oskar Messter. Ich war mit Robert Wiene befreundet, der mit dem *Cabinet des Dr. Caligari* einen der größten kinematografischen Coups aller Zeiten gelandet hat. Wir haben viele Filme gemeinsam gedreht. Es war eine schillernde und wunderbare Zeit – wir alle waren eine große Familie, und unsere Mutter war der Film.

KB: Sie verkörperten die brave, tugendhafte Frau und Mutterikone. Die Ullstein-Presse feierte sie als *Madame d'Allemagne* – Sie waren eben keine Anita Berber oder Asta Nielsen. Wie war es, mit diesem Gretchen-Image zu leben?

HP: (lächelt) Es war zumindest ein *längeres* Leben als das der Berber … Und Asta Nielsen … Sie wissen, dass wir Konkurrentinnen waren. Die Journalisten haben damals viel darüber geschrieben.

KB: Und wann haben Sie nun in diesem Haus gelebt?

HP: Nach Curts Tod hatte ich in den letzten Kriegsjahren einen sehr guten Freund, der in diesem Haus lebte. Es hat sich doch einiges verändert hier. Damals war das, was sie heute die Bibliothek nennen, noch ein Musikzimmer. Hier, im Gastraum, befand sich ein prächtiger Salon mit wundervollen Gemälden und schönen Antiquitäten. Wir saßen hier so manchen Abend. Viel geweint habe ich. Er und seine Familie, sie haben mich sehr unterstützt. Es war jedenfalls eine Phase, in der ich hier heimlich ein- und ausging,

◀ »Im Café«, Jeanne Mammen (um 1930), Des Moines Art Center.

bis ich dann nach dem großen Krieg zusammenbrach. Ich hatte so viel gearbeitet, und dann der Tod Curts, Tausender …

KB: Sie gingen dahin, wo viele Stars, die sich übernommen hatten oder einen Nervenzusammenbruch erlitten, sich damals hinbegaben.

HP: Ganz recht. Ich ging in das Sanatorium Dr. Wiggers Kurheim nach Partenkirchen. Eine Empfehlung Robert Wienes. Ich war ziemlich am Ende. Nervenzusammenbruch. Hier lernte ich dann meinen lieben Mann Wilhelm kennen, den Leiter der Klinik. Ich erhörte ihn.

KB: Sie heirateten Wilhelm von Kaufmann-Asser. Damit kamen Sie in die Clique der Pazifisten und Internationalen um die Gräfin Fischler-Treuberg aus dem Hause Kaufmann-Asser, die mit ihrem Mann verwandt war. Man hat viel von ihren politischen Salons im Berlin vor und nach dem Ersten Weltkrieg gehört. Sie haben sich ja auch sehr engagiert. Bemerkenswert. Und das Haus hier? Sie waren also mit der Familie Jacoby befreundet?

HP: Sie haben es erraten.

KB: Wissen Sie, was aus Ihren Freunden geworden ist?

HP: Wir haben uns, als ich meinen zweiten Mann 1921 heiratete, mehr und mehr aus den Augen verloren. Hinzu kamen die viele Arbeit und der Ärger mit der eigenen Filmproduktionsfirma, die ich gemeinsam mit meinem Mann und Carl Froelich aufgebaut hatte.

KB: Bei meinen Recherchen nach Hermann Jacoby verläuft sich die Spur ebenfalls an einem Punkt. Ein Mann dieses Namens ist von den Nazis 1944 aus Berlin nach Theresienstadt deportiert und dort ermordet worden. Ich weiß aber nicht sicher, ob das ihr Freund war – er wäre ja fast 80 Jahre alt gewesen.

HP: Ich kenne die Nazis nur zu gut. Sie haben mir und Wilhelm auch sehr geschadet. Davon erzähle ich Ihnen aber nicht. Sie können selbst überall nachlesen, wie die Nazis meine Karriere boykottiert haben und wie wir damals in ständiger Angst leben mussten, Sie wissen ja sicher um die jüdische Abstammung meines Mannes … Ich musste ihn zwei Mal aus dem Gefängnis befreien. Das war das Ende meines Erfolges …

KB: Immerhin gelang es Ihnen, auf eine Liste von NS-Propagandaminister Joseph Goebbels mit den Namen »geschützter Persönlichkeiten« zu kommen. Vermutlich auch, weil sie Carl Froelich, den Präsidenten der Reichsfilmkammer, so gut kannten.

HP: Nun – ich muss jetzt wieder los. Sie verstehen – ich habe Termine.

KB: Danke und auf bald, Frau Porten.

DIE KÜNSTLER- UND LITERATENCAFÉS IM BERLIN DER ZWANZIGERJAHRE

> »Cassirer hat immer behauptet, ohne ein Caféhaus könne man überhaupt keine Literatur machen. Darum saß er auch jeden Nachmittag im Romanischen Café, von Slevogt, Orlik und anderen Malern umgeben, an einem versteckten Tisch nahe dem Eingang.«[42]
> aus: Ernst Blass, Ende (1912)

Nach den Wirren des Krieges und der Novemberrevolution 1918 wird Berlin in den Goldenen Zwanzigern zur Vergnügungsmetropole. Die Moderne, die sich im Kaiserreich mühsam hatte durchsetzen müssen, gibt den Ton an. Etwa 35 Schauspielbühnen, mehrere Opernhäuser und über 20 Konzertsäle lassen die Stadt zu einem geistigen und kulturellen Zentrum von Weltgeltung werden. Sowohl maßgebende Vertreter der modernen Malerei wie Erich Heckel, Otto Nagel, Karl Hofer, Max Pechstein und George Grosz als auch bedeutende Schriftsteller der Moderne wie Bertolt Brecht und Heinrich Mann leben und arbeiten in Berlin.

Während 1923 der erste Rundfunksender in Deutschland seinen Betrieb in der Stadt aufnimmt, hat hier das inzwischen größte deutsche Filmunternehmen, die UFA, seinen Sitz. Rund 150 Tages- und Wochenzeitungen werden in Berlin verlegt und gedruckt.

Das Kielganviertel ist Heimat der intellektuellen Schriftstellerszene. Der 1908 nicht unwesentlich im *Romanischen Café* entstandene Rowohlt Verlag zieht in die Potsdamer Straße 123b am Lützowplatz – in der Nähe des heutigen *Café Einstein*. Einer seiner wichtigsten Lektoren, Walter Benjamin, wohnt nur wenige Schritte vom Verlag entfernt, in der Nähe seines Geburtshauses am Magdeburger Platz in der Nettelbeckstraße 24 (heute: An der Urania), später dann in der Kurfürstenstraße 154. Hier entstehen in Zusammenarbeit mit Franz Hessel die deutschen Übersetzungen der Werke des genialen Marcel Proust.

Die Umgebung ist auch nach dem Krieg eine beliebte Wohngegend jüdischer Kaufleute, Bankiers, Ärzte, Anwälte und Industrieller. Einer von ihnen ist Georg

Blumenfeld, ein in Berlin geborener Privatbankier mosaischen Glaubens. 1926 zieht er mit seiner Frau Lucia Margarete von der Schlüterstraße in Charlottenburg in die Kurfürstenstraße 58. Die Villa erwirbt er von einem Bekannten, dem jüdischen Kaufmann Carl Cohn, in dessen Besitz sich das Haus drei Jahre befunden hat.

Der neue Inhaber beauftragt 1926 die renommierten Architekten Ernst Lessing und Max Bremer mit der Ausführung eines tiefgreifenden Umbaus. Eine Aufstockung und eine Erweiterung an der Gartenseite erfolgen, bei der durch Einziehen von Geschossdecken das klassizistische Raumgefüge mit seiner zentralen Halle, den Loggien an der Gartenseite und dem ädikulaförmigen Windfang zerstört wird.

Tempo erfasst die Metropole. Der Ausbau der U-Bahn geht in rasanten Schritten voran. Im Jahr 1926 wird die Entlastungsstrecke vom Gleisdreieck über die Kurfürstenstraße zum Nollendorfplatz eröffnet. Hotels, Cafés, Kaufhäuser, Gaststätten und eine ganze Vergnügungsindustrie durchdringen den Alltag der Großstadt. 1928 gibt es in Berlin bereits 16 000 Gaststätten, davon 550 Kaffeehäuser sowie 220 Bars und Tanzlokale. Elektrischer Strom macht die Nacht zum Tag, und es wird zu Jazz und Charleston getanzt. Die Damen haben Bubiköpfe, Zigarettenspitzen und Chanel N°5 auf der Haut. Knapp bekleidete Schönheiten in Bananenröckchen oder einem Hauch von Nichts bezaubern im Kabarett und begleiten lächelnd den »Ich-Zerfall, den süßen« (Gottfried Benn) durch Kokain, Morphium und Alkohol.

Hinter der glatten, glitzernden Fassade dieser als golden perzipierten Zeit lauern die Schatten einer unbewältigten Vergangenheit, Radikalität, Armut, politische Unruhen und Tod.

Diese Janusgesichtigkeit seiner Gegenwart, so scheint es Joseph Roth, der einige seiner Romane in Berliner Kaffeehäusern verfasst, wird an keinem Ort so deutlich wie auf dem Kurfürstendamm, jenem Experimentierfeld der Moderne. In *Rechts und Links* (1929) macht er den Boulevard zum Schauplatz eines gespenstischen Aufmarsches von Gestalten, die aus dem Panoptikum der Kaiserzeit entlaufen zu sein scheinen. Die Caféterrassen auf dem Kurfürstendamm verwandeln sich unter seinen Augen zu Totenkammern, in denen die Gespenster der Vergangenheit des Kaiserreichs spuken.

In dieser zwiespältigen Atmosphäre von versuchter Vergangenheitsbewältigung und rauschhaftem Vergessen entsteht dort, wo heute das Europa-Center in seiner ganzen Hässlichkeit prangt, am Kurfürstendamm 236 (heute Tauentzienstraße 9), *das* Symbol der Berliner Kaffeehauskultur der Zwanzigerjahre: das *Romanische Café*. Es wird zum Asyl der Berliner Bohème, einziger Zufluchtsort aller auf- und untergegangenen Künstler, die Berlin als Stadt in seiner ganzen Widersprüchlichkeit und Polyphonie erleben.

 Das *Romanische Café* am Auguste-Viktoria-Platz (heute Breitscheidplatz) ist die beliebteste Adresse der Berliner Künstler. Benannt nach der im romanischen Stil

▲ Romanisches Haus mit dem *Romanischen Café* (historische Postkarte).

gehaltenen Fassade des vierstöckigen Mietshauses von 1899, welches das Café im Erdgeschoss und Teilen des Hochparterres beherbergt, bietet das Lokal mit über 200 Sitzplätzen erhebliche Kapazitäten. Das Café ist nicht so sehr für ein gutes Essen als für sein Potenzial als Treffpunkt bekannt.

Die Raumaufteilung folgt strikten Gesetzen. Man muss sich das Ganze etwa so vorstellen: Von der Straße geht es durch eine Drehtür in das kleine Foyer. Vorbei am Pförtner führt jeweils eine Tür nach links und rechts. Rechts schließt ein großer rechteckiger Raum mit ungefähr 60–70 Tischen an – »Bassin für Nichtschwimmer« genannt. Hier sitzen neben den Touristen junge aufstrebende Künstler, die den Austausch mit Kollegen, Streit mit Kontrahenten, vor allem aber die Entdeckung ihrer selbst durch einen möglichen Financier suchen. In Richtung der Straße gelangt man auf eine etwas kleinere Außenterrasse. Neugierige Besucher und Touristen beobachten von dort das lebendige Treiben. Links vom Foyer befindet sich das kleinere »Bassin für Schwimmer« mit 20 Tischen, in dem die etablierten Künstler thronen.[43]

Gabriele Tergit, eine der bedeutendsten Journalistinnen der Weimarer Republik, hat mit ihrem Roman *Käsebier erobert den Kurfürstendamm* (1931) der eigenen Zunft ein ironisches Denkmal gesetzt. Das *Romanische* porträtiert sie wie folgt: Es »ist sehr schmutzig. Erstens ist es trotz seiner großen Fensterscheiben so angeräuchert, wie es für eine Stätte des Geistes notwendig ist, zweitens ist es schmutzig durch die Manieren seiner Bewohner, die unausgesetzt Überreste ihrer Raucherei auf den Fußboden werfen. Drittens aber durch die ungeheure Frequenz.«[44]

»Romaniker« zu sein bedeutet allerdings mehr, als im Kaffeehaus zu sitzen und Zigarettenkippen auf den Fußboden zu werfen, es ist eine Philosophie, eine Lebensaufgabe! Hier wird die Kunst revolutioniert – oder man wartet darauf, dass es passiert. Und sie alle leben und arbeiten im *Romanischen Café*, jene Trias von Künstlern, Financiers, Mäzenen einerseits, einflussreichen Intendanten, Galeristen und Verlegern andererseits und schließlich Vertretern der Presse.

So liegt nahe, dass das Café oft genug zum Handlungsort eines Romans wird, wie in Hugo Bettauers *Der Frauenmörder*, in dem der »Sherlock Holmes von Berlin«, Krause, in einem furchtbaren Mordfall in konspirativen Sitzungen mit den Journalisten und Literaten im Café ermittelt. Während Klabund auf Bierdeckeln kritzelt, schweigt sich am Nebentisch der Kritiker-Papst Alfred Kerr mit Curt

Goetz aus und lächelt mokant vor sich hin. Am »Kükentisch« warten junge Frauen unterschiedlichster Couleur auf ein Abenteuer, während sie das gekonnte Muskelspiel des vorbeiflanierenden Boxmeisters Max Schmeling betrachten.

Curt Moreck fasst in seinem hinreißenden *Führer durch das ›lasterhafte‹ Berlin* zusammen: »In dieser vollkommenen Demokratie des Geistes fallen alle Klassenunterschiede im schillernden Durcheinander des Illusionismus, des geistigen Narzissmus und Exhibitionismus.«[45]

Neben dem Malerstammtisch, bestehend aus Max Slevogt, Emil Orlik, Max Oppenheimer, dem Präsidenten der Preußischen Akademie der Künste Max Liebermann und Galeristen und Verlegern wie Alfred Flechtheim und Bruno Cassirer sitzen Vertreter des Kabaretts wie Trude Hesterberg und Blandine Ebinger. Auch die Namen der Autoren unter den Gästen lassen sich hören: Walter Mehring und Kurt Tucholsky, Erich Kästner, Bertolt Brecht, Egon Erwin Kisch, Christian Morgenstern, Joachim Ringelnatz, Gottfried Benn.

Der stets in Geldnot befindliche Erich Mühsam widmet den Gästen mehrere seiner Feuilletons: »Da sitzen sie – die Bohemiens, und die, die sich dafür halten. Was sie tun? Nun – sie trinken schwarzen Kaffee oder auch Absinth, rauchen Zigaretten, reden über Ästhetik und Weiber, stellen neue Lehren auf und paradoxe Behauptungen, schimpfen über den Staat und die Banausen, pumpen sich gegenseitig an und bleiben die Zeche schuldig.«[46]

Das Café verfügt oberhalb des »Bassins für Schwimmer« über eine Galerie, die an Spieltischen zu Schach- und Damepartien einladen. Der kostenlose Handapparat an Zeitungen und Journalen und die Möglichkeit, nicht mehr als einen einzigen Kaffee über mehrere Stunden hinweg zu trinken, kommen der oft finanziell nicht besonders gut ausgestatteten Kundschaft entgegen. Vielen der Gäste muss die Geistesnahrung aus den Zeitungen das nicht vorhandene Abendbrot ersetzen.

Die Schnorrerkunst zeitigt im *Romanischen Café* geniale Vertreter. Jedoch hat alles seine Grenzen.

In krassen Fällen von Nassauerei, wenn ein Gast sich beispielsweise tagelang von elf Uhr morgens bis zwei Uhr nachts an einer halben Tasse Kaffee festhält, erhält er den sogenannten Ausweis. Dann legt der Geschäftsführer diskret ein gedrucktes Kärtchen neben die halbleere Tasse auf den Marmortisch, auf dem steht: »Sie werden gebeten, unser Etablissement nach Bezahlung ihrer Zeche zu verlassen und nicht

▲ Umschlagbild des legendären *Führer durch das ›lasterhafte‹ Berlin* (Reprint).

wieder zu betreten. Bei Nichtbeachtung dieser Aufforderung würden Sie mit Maßnahmen wegen Hausfriedensbruch zu rechnen haben.«

So ein »Ausweis« kann natürlich verheerende Auswirkungen auf die sensiblen Gäste haben. Der Regisseur Géza von Cziffra erzählt von einem ungarischen Journalisten, Adam von Kallay, der über längere Zeit arbeitslos ist und dessen Schuldenberg bei den Kellnern im *Romanischen Café* zusehends wächst, sodass ihm der Besitzer des Kaffeehauses, Herr Fiering, den Ausweis überreichen lässt. »Eines Tages, als der sonst gutmütige Zerberus des Cafés, Herr Nietz, ihn am Eintritt hinderte, erschoss er sich vor dessen Augen mit einer alten Pistole.«[47] Keine Frage: Der arme Adam von Kallay war ein Opfer des *Romanischen Cafés*.

Das Haus mit den romanisch anmutenden Säulen sollte in der Bombennacht am 21. November 1943 vollständig niederbrennen.

▶ »Im Romanischen Café« (1927), Zeichnung von Rudolf Großmann.

◀ Der Schauspieler Hugo Fischer-Köppe im *Romanischen Café* in Berlin (um 1925).

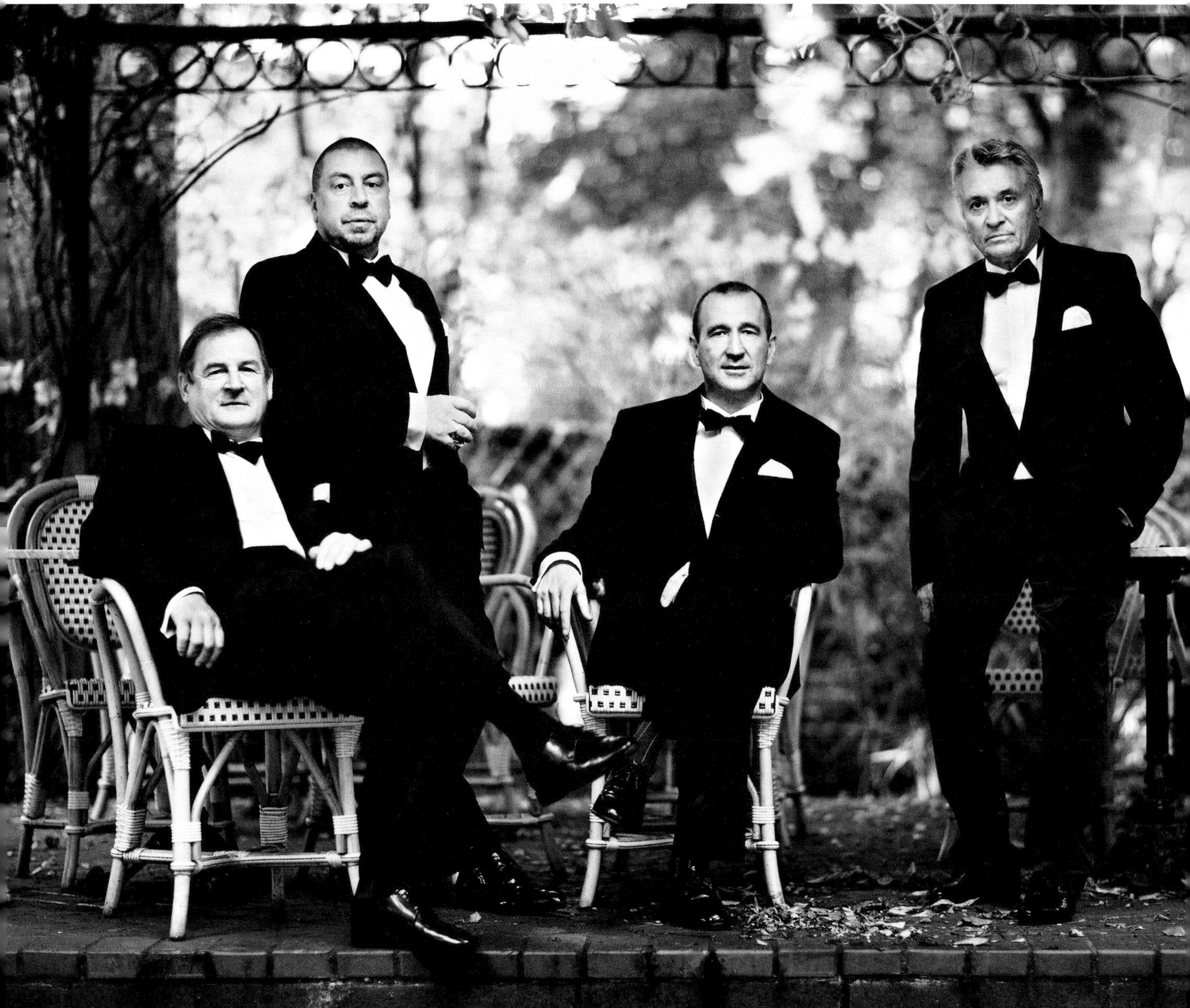

DER KLUB DES WESTENS

»Willi sprach kein Wort. Er gewann, verlor, trank ein Glas Kognak, gewann, verlor, zündete sich eine neue Zigarette an, gewann und verlor.«
aus: Arthur Schnitzler, Spiel im Morgengrauen (1926)

Während die Künstler im *Romanischen Café* noch überlegen, ob sie genug Geld für einen Kaffee haben, werden in anderen Kreisen der Berliner Gesellschaft ganze Vermögen verspielt. Die Lust am *corriger la fortune* ist so alt wie die Menschheit selbst, und in der Zeit vor dem Ersten Weltkrieg finden sich Gesellschaften von ehemaligen Offizieren, Beamten und Lebemännern meist im Anschluss an Pferderennen zusammen, um beim Bakkarat ihr Glück zu versuchen. Wallfahrtsorte des Hasardspiels bietet das kaiserliche Berlin bei *Lauter*, im *Savoy-Hotel* (Dorotheenstraße), im *Café Josty* am Potsdamer Platz, bei *Hecht* in der Jägerstraße, bei *Knoop* in der Potsdamer Straße sowie im *Viktoriahotel*.

Durch ein Gesetz von 1919 wird das zuvor in geschlossenen Gesellschaften erlaubte Glücksspiel für illegal erklärt.[48] Geheime Spielklubs schießen angesichts dieser Umstände im Schatten der lichttrunkenen Straßen nach dem Krieg wie Pilze aus dem Boden. Und das Wissen um die Existenz solch exklusiver Klubs, sich scheinheilig unter unauffälligen Namen wie dem Klub der Harmlosen verbergend, gehört zu den offenen Geheimnissen der Metropole.

In der Berliner Ressource von 1794, dem Allgemeinen Deutschen Sportverein e.V. oder dem Klub des Westens e.V. – 1898 als »Wohltätigkeits- und Geselligkeitsverein« gegründet –, treffen sich spielwütige Herren, die sich weiterhin eine derartige Leidenschaft leisten können. Sie verspielen Unsummen und ruinieren dabei nur zu oft ihr Leben.[49]

Im Hinblick auf das heutige *Café Einstein* kommt dem Klub des Westens eine besondere Bedeutung zu, denn dieser findet im Jahr 1932 für einige Monate seine Klubräume in der Gründerzeitvilla.

◂ Abb. links: Im Garten des heutigen *Café Einstein* (von links): Burghart Klaußner, Armin Rohde, Peter Lohmeyer und Henry Hübchen. Fotografie zum Film *Alter und Schönheit* (2009), Jim Rakete.

Georg Blumenfeld vermietet sein Haus im Sommer dieses Jahres an einen alten Bekannten, den Vorstand des Klubs, Dr. Fritz Caspari. Ein Freundschaftsdienst, denn die wirtschaftliche Krise der Republik geht auch am Klub des Westens nicht spurlos vorüber, und jener muss sein elegantes Klubhaus in der nahe gelegenen Maaßenstraße 5 verkaufen.

Zwar ist heute eine Mitgliedschaft des Bankiers Blumenfeld im Klub des Westens nicht mehr belegbar, darf jedoch wohl kaum in Zweifel gezogen werden. In den verschiedenen sagenhaften Kreisen Berlins gibt es Verbindungen und Überschneidungen – nicht anders als heute auch, kennt ein jeder jeden.

Wie Henny Porten und ihr Ehemann Wilhelm Ritter von Kaufmann-Asser gehören auch die Blumenfelds zu einem Zirkel, der sich in der Mehrheit aus deutschen Staatsbürgern meist jüdisch-unorthodoxen Glaubens zusammensetzt, die wiederum vielfach aus wohlhabenden Familien stammen. Die Männer absolvierten eine militärische Ausbildung, dienten im Ersten Weltkrieg, wurden ausgezeichnet mit dem Eisernen Kreuz und sind nun einflussreiche Kaufleute, Juristen, Ärzte, Wissenschaftler, Bankiers, Künstler und Intellektuelle.

Wie einige andere jener getarnten Spielklubs ist der Klub des Westens der preußischen Polizei durch Beschwerden besorgter Nachbarn und nicht zuletzt durch mehrere Hausdurchsuchungen bestens bekannt. Tatsächlich schweben gegen ihn wiederholt Verfahren, die »mangels Beweisen« eingestellt werden. Dahinter steht in Wahrheit allerdings das Protektorat des mächtigen Vize-Polizeipräsidenten Bernhard Weiß, der viele der Mitglieder des Klub des Westens gut und lange kennt.

Anwalt Dr. Bernhard Weiß ist ein Dandy-Typ, der sich souverän auf dem gesellschaftlichen Parkett zu bewegen versteht. Mit seiner schillernden Gattin umgibt er sich mit Schauspielern wie Richard Tauber oder dem als Sensation in Berlin willkommen geheißenen Charlie Chaplin. Weiß liebt schöne Autos, Mode und hat ein Faible für jene amüsante Garçon-Geselligkeit, zu der neben einer guten Zigarre und einem Glas Gin auch ein gelegentliches Poker-Spiel gehört. Für die Gentlemen im Klub des Westens mag das zunächst nach günstigen Umständen klingen. Allerdings ist es so, dass ausgerechnet jener mondäne, spielfreudige Bernhard Weiß, der zugleich ein entschiedener Verfechter der republikanischen Ordnung ist, für NS-Gauleiter Josef Goebbels *das* rote Tuch par excellence ist. Letzterer stilisiert ihn zur Inkarnation des von den Nazis verhassten Systems der sogenannten »Judenrepublik«. »Wenn er (Weiß, Anm. d. Verf.) fällt«, so der spätere Propagandaminister, sei »auch das System nicht mehr lange zu halten.«[50]

In gewohnter Lautstärke bekämpft er seinen Antipoden mit allen ihm zur Verfügung stehenden Mitteln, die jedoch in der vergleichsweise stabilen Zeit der Weimarer Republik noch nicht sehr vielfältig sind. So zieht er die alte antisemitische Namenswaffe, tituliert Weiß als »Isidor« oder auch »Wacholder Trompetenschleim« – fraglos der lächerliche Ausdruck einer krankhaften Wut, die kein anderes Ventil findet.

Und auch wenn Goebbels' Kampfblatt *Der Angriff* ein optimales Forum für die Hasskampagnen des Gauleiters bietet, zieht dieser immer wieder den Kürzeren: Weiß ist sich der Tatsache bewusst, dass der Hass des späteren Propagandaministers nicht ihm persönlich, sondern allen deutschen Juden gilt; so führt der brillante Anwalt gleichsam auch in ihrem Namen zahlreiche Gerichtsprozesse gegen die prügelnde SA und den Feuer speienden Goebbels, der folglich nur mit Mühe einer Gefängnisstrafe entgehen kann.[51]

Während die Herren im Klub des Westens Bernhard Weiß' Siege trotz fehlender Schankerlaubnis mit Champagner feiern, weiß Goebbels, dass das Ende jener feinen Mischpoke jüdischer »Bonzen« gekommen sein wird, sobald die Machtverhältnisse in Preußen sich zu seinen Gunsten verschieben. Diese folgenschwere Veränderung sollte spätestens mit dem sogenannten Preußenschlag im Juli 1932 kommen: Ein Reichswehrkommando setzt Weiß und andere im Polizeipräsidium am Alexanderplatz fest, »wo Berlins Scotland Yard sich erhebt«.[52] Monate später wird der »geheime« Spielklub in der Kurfürstenstraße ausgehoben. An das Ende des getarnten Spielklubs schließt sich der Anfang eines langwierigen Prozesses an. Die Prozessakten im Kriminalfall »Klub des Westens« lesen sich wie die Seiten eines Drehbuches zu einem Film von Claude Chabrol:

Die Bühne ist Berlin bei Nacht, Lichtreklame, flanierende Menschenmassen, Bars, Tanzlokale, exklusive Villen hinter hohen Zäunen. Dort, wo »ein Unvorsichtiger in einer Nacht mehr verspielen kann, als eine Arbeiterfamilie in einem Menschenleben auszugeben hat«, so die zeitgenössische Presse, sammeln sich die Protagonisten, natürlich im Smoking, um die Spieltische.[53] Nebenrollen haben neben einem einarmigen Türsteher, einem Toiletten- sowie einem Kartendiener der obligatorische Croupier, eine Zigarettenverkäuferin, die Telefondame, einige eifersüchtige Geliebte und ein (getarnter) Kokainhändler. Ein ausrangierter Rittmeister versucht derweil auf den Straßen Berlins, neue Mitglieder für den Klub zu werben. Requisite und Bühne runden diese Inszenierung ab: ein rotes Zimmer neben dem eleganten Speisesaal, Pokertisch im Separée (heutige Bibliothek), Kamine, eine Geheimklingel, illegal ausgeschenkter Kaffee (und anderes!) und, neben Spielkarten, Schuldscheine und ganze Vermögen, die über die Spieltische wandern.

Einen Eindruck über den Kluballtag und die dort herrschende Vettern- und Pumpwirtschaft gibt das Mitglied Graf Constantin von Roedern in einem späteren Verhör: »Auf Vorladung erscheint der Graf Constantin von Roedern. 29.10.83 zu Berlin geboren, wohnhaft, polizeilich gemeldet in Gr. Wandriss/Kr. Liegnitz, bei der Mutter aufhältlich in Berlin/Pension Zoo-Ecke, Kurfürstenstraße 23, und erklärt auf Vorhalt:«

»Ich bin Mitglied im Klub des Westens, jetzt Kurfürstenstraße 58, vordem Maaßenstraße 5, seit etwa $2^{1/2}$ Jahren. Der Vorsitzende des Klubs, Dr. Caspari, war im Regiment meines Vaters, und zwar in der Schwadron meines Vaters. Ich war damals Kadett und habe bei den Besuchen meines Vaters den damals Einjährigen Caspari kennengelernt. Vor etwa $2^{1/2}$ Jahren trafen wir uns, also Dr. Caspari und ich, zufällig in den Straßen Berlins. Caspari lud mich ein, doch mal den ›Klub des Westens‹ zu besuchen, welchem Wunsch ich dann auch Folge geleistet habe. Später wurde ich dann Mitglied.« Roedern zieht sich geschickt aus der Schlinge und wälzt die ganze Misere auf seine Klubbrüder ab: »Meinen Beobachtungen nach, setzt sich der Klub vornehmlich aus Kaufleuten, Juristen, Ärzten, Apothekern, meist jüdischen Glaubens zusammen.« Zudem, so beteuert er, könne er sich ein so »teures Hobby« gar nicht leisten. Der Graf: »Ich bin kein Spieler. Ich kenne weder Skat, noch Bridge, noch Rommé, noch Piquett, noch Whist. Außerdem erlauben mir meine Mittel derartige Passionen nicht, denn ich bin lediglich oder hauptsächlich auf meine ziemlich karge Pension als Major der Artillerie angewiesen: Ich habe auch noch Frau und zwei Kinder mitzuernähren.« Aufgrund dieser sozialen Umstände sagt Roedern aus, er habe den Klub des Westens nur wegen des billigen Abendessens (2 Mark) besucht.

Und, der Graf kommt zu des Pudels Kern: »Ich habe hin und wieder kleinere Beträge mir vom Klub geben lassen, die ich nach wenigen Tagen von meiner Pension zurückgezahlt habe. Ich war hierzu leider gezwungen, da die Pension in zwei Raten bezahlt wird. In diesen vorkommenden Fällen habe ich eine kleine Quittung ausgestellt, die von dem Klubvorsitzenden Dr. Caspari gegengezeichnet wurde. Das Geld hat mir der Kassierer Parey ausbezahlt, teilweise mit Chips.«

Eine andere Facette in die ernüchternde pekuniäre Realität jener rauschhaften Nächte zeigen die Zeilen eines wütenden Klubmitgliedes. Carl Gotthelf (Deportation ab Berlin, 25. Januar 1942, Riga, Getto) wendet sich in einem Brief mit folgenden Worten an die Klubleitung:

»An meinem letzten großen Spielabend in ihrem Klub habe ich allein 18 000 RM verloren, wovon ich drei Mille bar und zehn Mille in einem Scheck (bar) sofort bezahlt habe. Wenn Sie demgegenüber jetzt wegen eines lächerlich geringen Rückstandes an Mitgliedsbeiträgen meine Ausschließung verfügen, so denke ich nicht daran, mir das gefallen zu lassen. Ich werde vor Gericht den Beweis erbringen, dass Ihr Verhalten gegen die guten Sitten verstößt, falls Sie nicht binnen 3 Tagen Ihren, nach Lage der Sache unsittlichen und deshalb rechtsungültigen, Beschluss zurückziehen.«

Angesichts der damaligen wirtschaftlichen Lage nur zu verständlich, löst das Treiben der Herren in der Kurfürstenstraße 58 bei vielen einen bitteren Beigeschmack aus. Leicht verschnupft über die elitäre Gesellschaft gibt am 29. Februar 1932 die *Neue Montagszeitung* Auskunft:

»Westen, Nähe Nollendorfplatz, eine vornehme ruhige Seitenstraße, eine Villa, wie viele andere hier. Zwei Kriminalbeamte, arme Teufel, die sich von dem eleganten Milieu bedrückt fühlen und für ihre ›Aktion‹ nicht einmal das Fahrgeld für eine Taxe als Spesen anrechnen dürfen, schreiten durch die Vorhalle. Ihre derben Schuhe versinken lautlos in den echten Persern. Kellner, Pagen, freundlich lächelnde, gut angezogene Herren. … 10 Minuten später ziehen sie erleichternd aufatmend ab – alles war in bester Ordnung. Nur ein paar harmlose Skatspieler, nette ältere Herren, saßen da – weiter nichts. Und drinnen geht es weiter. Links der Escartésaal, weiter hinten der große Speiseraum, geradeaus je ein Poker- und ein Skatzimmer. Im ersten Stock das Bureau mit Sekretärin, ein Billardsaal und der Raum, in dem das neueste Glücksspiel Côuté gespielt wird. Je nach Zweckmäßigkeit große ovale grün bezogene Tische oder wie im Skatzimmer kleinere, für drei bis vier Personen. Die Pokertische sind rund, an jedem Platz und in der Tischplatte eine kleine Höhlung, in die das Geld hineinkommt.

▲ »Feine Welt«, undatiert (um 1929), Jeanne Mammen, Aquarell und Bleistift, Des Moines Art Center.

Aber kehren wir in die untere Etage zurück. Mittlerweile ist es 8 Uhr geworden, eben wird das Souper im großen Speisesaal eingenommen, denn heute ist Mittwoch – der Spielabend dieses feudalen Klubs, der im Vereinsregister ganz bescheiden unter »Wohltätigkeits- und Geselligkeitsverein« eingetragen ist. Gegen 9 Uhr beginnen die Herren – Frauen haben keinen Zutritt – sich in die Spielzimmer zu verziehen, um dort bis früh morgens auszuhalten bei der Pflege der Wohltätigkeit. Der Kamin im Escartésaal verbreitet angenehme Wärme. Um den langen viereckigen Tisch sitzen Großkaufleute, Industrielle, ein paar Aristokraten, setzen ihre Chips auf die gelben Nummern des Tableaus in der Mitte. Und dann geht's los.«

Ganz gleich, wie glamourös die Zeitung das Leben der Herren am Pokertisch sehen möchte, die Misere der Zeit bleibt auch auf sie nicht ohne Wirkung, und so sind die Reihen der Klubmitglieder durch die Wirtschaftskrise stark gelichtet (etwa 180 im Jahr 1932). Die großen Vermögen haben sich stärker in wenigen Händen konzentriert oder sind ins Ausland überführt worden – die Angst vor den Nationalsozialisten wird immer greifbarer.

Die Zeilen, die die »Klubleitung«, also vermutlich Fritz Caspari, im Sommer 1931 an das Mitglied Julius Neuberg in dessen Urlaubsort Marienbad sendet, zeigen die Sorgen der Klubleitung zwei Jahre vor der endgültigen Machtergreifung durch die Nationalsozialisten. Neuberg sollte sich übrigens kurz darauf wegen seiner hohen Spielschulden im Klub des Westens das Leben nehmen:

»Lieber Julius! Im Namen der gesamten Verwaltung danke ich Dir herzlichst für Deinen Kartengruß und gebe Dir wunschgemäß einen kurzen Bericht über die Verhältnisse im Klub. Du kannst Dir denken, dass es nicht gerade rosig aussieht, dass wir alle Kräfte anspannen müssen, um uns über die Zeiten hinwegzuhelfen. (…) Da nun gestern der Volksentscheid nicht durchgegangen ist, und zwar mit einer solchen Stimmdifferenz, hoffen wir alle auf bessere Zeiten und jedenfalls sieht man aus den näheren Ziffern, dass, wenn man von den abgegebenen ›Ja‹-Zetteln die Stimmen von der Kommunistischen- und Volkspartei in Abzug bringt, die Rechtsradikalen keinen Zuwachs in der Zwischenzeit trotz der Verschlechterung der Verhältnisse bekommen haben, womit jene eigentlich gerechnet haben und das ist das einzig Erfreuliche an der ganzen Sache. … Du liest in der Zeitung täglich von einer Pleite nach der anderen, die besten und ältesten Firmen gehen zugrunde und man wundert sich, dass man selbst noch nicht so weit ist. … Wir arbeiten nach wie

▶ Abb. rechts: Henny Porten in Abendgesellschaft mit Hartwig Neumond (1928): Walter Slezak, H. P., Ludwig Kainer, Portens Mann, Wilhelm Ritter von Kauffmann-Asser, Hartwig Neumond, Leo Schützendorf, Frau Roberts, Carl Froehlich (von links).

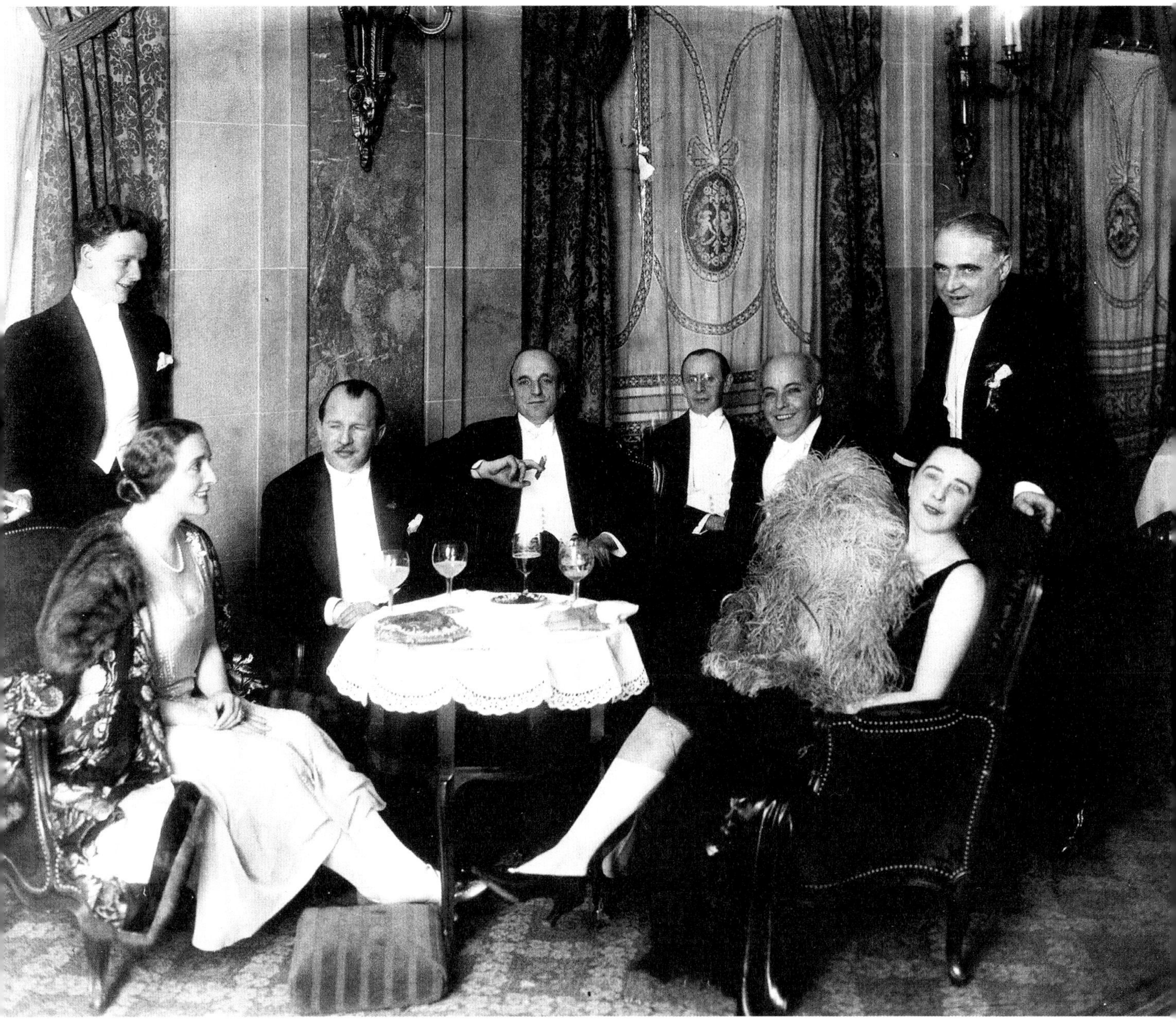

vor am Wohle des Klubs und würden uns freuen, im Klub den früheren Glanz noch einmal zu erleben.«

Während der Vorstand des Klub des Westens dem alten Glanz nachtrauert, radikalisieren sich vor dessen Türen die politischen Verhältnisse in Berlin. Die Potenzierung eines aus der wirtschaftlichen Not geborenen, allenthalben vorherrschenden sozialen Neides ist eine mächtige Waffe im Kampf der Extreme; dient sie auch eigentlich dem Ziel, die eigene Macht zu etablieren und zu legitimieren. Die Nazis wissen diese Waffe gekonnt zu verwenden. Trefflich für sie, dass der Groll gegen Institutionen wie den Klub des Westens durch medienwirksame Skandale geschürt wird: Bereits ein Jahr zuvor sorgt der spektakuläre Tod des berühmten Berliner Künstlerrechtsanwalts und Millionärs Dr. Hartwig Neumond, der auch mit Henny Porten und ihrem Ehemann befreundet ist, für Schlagzeilen.

Die Geschichte seines Endes liest sich wie eine preußische Adaption Arthur Schnitzlers Erzählung *Spiel im Morgengrauen*. Wie in Schnitzlers Geschichte vom Leutnant Willi, der beim Glücksspiel alles verliert und seine Schulden nicht pünktlich begleichen kann, ergeht es Neumond. Dem strengen Ehrenkodex der Zeit folgend, wählt er den Freitod. Denn Spielschulden sind Ehrenschulden, und werden sie nicht beglichen, zieht das den Verlust der Ehre nach sich und folglich der gesamten Existenz.

Am 12. Mai 1930 erscheint im *Sozialdemokratischen Pressedienst* ein Artikel mit der Überschrift: »Hartwig Neumond, der Spielerrechtsanwalt. Justiz im Smoking – Skandal – 30 000 Mark Monatseinkommen – Die Nächte am Spieltisch – Und dann Morphium …«[54], in dem ausführlich das »fast spannende Drama vom Glück und Ende« des bekannten Berliner Anwaltes erzählt wird:

»Die Affäre des Berliner Rechtsanwaltes und Notars Dr. Hartwig Neumond, der am Sonnabend abend in einem bekannten Berliner Hotel seinem Leben durch Veronal ein Ende machte, zieht immer weitere Kreise«, heißt es hier.

Leicht blass vor Neid beschreibt der (unbekannte) Verfasser des Artikels den früheren Reichtum des Anwalts: »Neumond verdiente geradezu phantastisch viel – sein durchschnittliches Monatseinkommen dürfte mit 30 000 Mark nicht zu niedrig angegeben sein. Außerdem hat Neumond 1,5 Millionen Mark von seinen Brüdern geerbt, die vor etwa eineinhalb Jahren bei einer Autotour tödlich verunglückt sind. Das ganze Vermögen ist dem Anwalt wie ein Nichts unter den Fingern zerronnen …«

Weiter geht es mit einer bildreichen Beschreibung des vormaligen Neumondschen Lebenswandels: »Abend für Abend erschien R. A. Neumond: mit sehr nervösen Augen, die unruhig über das Spielfeld wanderten, auf der er eine Schlacht nach der anderen verlor. Neumond war ein hemmungsloser Spieler, der an manchen Abenden 20 bis 30 000 Mark verlor; kein Wunder, daß er in einer der Nächte der letzten Monate, in denen er besonders viel Geld einbüßte, einen schweren Nervenzusammenbruch erlitt, zumal der Anwalt ein steter Massenverbraucher von Morphium und Kokain war, die seit langem seine Gesundheit untergraben hatten. Schon beschäftigte sich die Leitung des Klubs mit der Frage, ob es nicht zweckmäßig wäre, Neumond zu veranlassen, dem Spieltisch eine Weile fern zu bleiben. Neumond mochte von solchen Ratschlägen nichts wissen. Er hatte ohnedies schon Schulden gemacht, sich nämlich schwer an den Geldern der dem Notar Vertrauenden vergriffen – nun setzte er alles auf eine Karte. Er hoffte, alles zurückzugewinnen, verlor aber immer wieder. Unter den Geschädigten, deren Zahl ein halbes Hundert erreichen soll, sind auch Max Pallenberg und Eugen Klöpfer, prominente Schauspieler, die wie viele andere, berechtigte Ansprüche auf Gagen geltend machen, die, die ihnen das Hartungsche Renaissancetheater zu zahlen hätte, das Neumond finanziell verwalten sollte.

Die Dinge wuchsen Neumond, der hier als Vertrauensmann des Michael-Konzerns direktoriale Machtstellung erlangt hatte, über den Kopf. Das Theater musste seine Pforten schließen. Bis in die letzten Tage war von den Schwierigkeiten Neumonds vor Gericht nichts zu bemerken. Niemand wußte, daß den Mann, der zu Berlins gewandtesten Verteidigern zählte, eine Schuldenlast von vielen Hunderttausenden drückte. Konzentriert, Richter und Zuhörer spannend und packend, weltgewandt, spöttisch plädierte er. Fast jeder der Prozesse seiner Klienten war gleichzeitig ein persönlicher Erfolg für ihn. Und keiner schaute hinter die Maske des schon seit Monaten Erledigten, der seinen Zusammenbruch mühselig vor der Außenwelt verbarg. Gift besiegelte den letzten Akt.

Das Büro des Rechtsanwalt Neumond in der Potsdamerstrasse 134 ist verwaist, die glänzende Fassade zusammengebrochen, das Drama … ausgespielt.« Bald darauf bricht auch die »Fassade« der Republik endgültig zusammen, denn mit dem

▲ »Wenn nach Mitternacht die Polizeistunde eingetreten ist, entwickelt sich in den Strassen der Grossstadt das Nachtleben. Unsichere Existenzen, wie Kokain-, Likör- und Zigaretten-Verkäufer, und Falschspieler suchen ihre Opfer. In ständiger Flucht vor der Polizei! ›Koks Emil‹ der schlimmste Parasit der Großstadt. Er verkauft in kleinen Kapseln das Kokain. Die Prise kostet M 5.-. Seine Opfer bestehen zum grössten Teil aus der Damenhalbwelt.« (Zitat, Bundesarchiv/Bildarchiv).

Preußenschlag am 20. Juli 1932 fällt ihre letzte Bastion. Die Regierung wird abgesetzt. Die Erzkonservativen unter Ministerpräsident Franz von Papen greifen auch die Berliner Polizeiführung an.

»Weil Gefahr im Verzug war«, wird am 30. November 1932 gegen 23:45 Uhr »in dem Spielzimmer des Klub des Westens, Kurfürstenstraße 58«, eine Durchsuchung von Kriminalkommissar Philipp Greiner vorgenommen. Für jenen Greiner, dem Caspari und Konsorten schon länger ein Dorn im Auge sind, beginnt mit der Überführung des Klubs des Westens wegen illegalen Glücksspiels eine steile Karriere im Dritten Reich.[55]

Damit die ganze Sache auch wirklich aufsehenerregend ist, bemüht die Kripo sich in endlosen Untersuchungen, dem Klub des Westens, oder einem Teil seiner Mitglieder, Falschspiel zu beweisen.

Zwölf Tage vor dem Reichstagsbrand, der banale Ereignisse wie die Aushebung des Spielklubs in der Kurfürstenstraße für die NS in den Hintergrund treten lassen sollte, kann Greiner mit Goebbels den Triumph über die »jüdischen Bonzen« zelebrieren.

Der *Berliner Lokalanzeiger* vom 16. Februar 1933 titelt: »Polizei im ›Klub des Westens‹. Nach einem System gemischte Karten – Geheimnisvolle Klingelleitung.« Nach einer Aufzählung der »Skandale«, die sich in der Kurfürstenstraße 58 zugetragen haben, wird der Hinweis auf den wahren Hintergrund der Feldzuges gegen die spielfreudigen Herren gegeben, denn, so weiß der Verfasser des Artikels: »Der Klub, der bereits im Jahre 1898 gegründet worden ist, war wiederholt in dem Beleidigungsprozeß des früheren Berliner Polizeivizepräsidenten Dr. (Bernhard, Anm. d. Verf.) Weiß genannt worden.«

Die Geschichte um das Ende des Klub des Westens ist geradezu exemplarisch für die Geschichte des Untergangs der Weimarer Republik. Recht und Unrecht, Moral und Heuchelei, Gut und Böse vermischen sich dabei auf sehr widersprüchliche Weise.

Ein Vergleich von Namen, Geburtsdaten und Wohnorten der ehemaligen Mitglieder des Klubs mit den Namen des Gedenkbuches des Bundesarchivs zeigt, dass viele der Spieler der Kurfürstenstraße 58 in den Vierzigerjahren Opfer des Holocausts wurden.

ANDERE ZEITEN (1933)

Als uniformierte SA-Leute am 30. Januar 1933 mit einem gespenstischen Fackelzug durch das Brandenburger Tor die Weimarer Republik zu Grabe tragen, beerdigen sie zugleich eine blühende (Kaffeehaus-)Kultur. Zahlreiche Berliner Schriftsteller, Maler und Intellektuelle emigrieren, andere ziehen sich ins Private zurück, so wie die Malerin und Illustratorin Jeanne Mammen, deren Kaffeehausszenen aus dem Berlin der Zwanzigerjahre noch heute jene untergegangene Ära vor dem inneren Auge erscheinen lassen.

Im selben Jahr werden die meisten Zeitschriften, für die Mammen als Illustratorin gearbeitet hat, verboten. Denen, die sich gleichschalten lassen, kündigt sie ihre Mitarbeit. Dem *Simplicissimus* teilt sie knapp mit, sie sei »jetzt anderweitig beschäftigt«, und igelt sich ein in ihre Malerhöhle und in ein Eremitendasein im Hinterhaus an der Ecke Kurfürstendamm, Uhlandstraße.

Diesen Exodus der intellektuellen und kreativen Szene beschreibt der Schriftsteller Wolfgang Koeppen wie folgt:

»Wir sahen die Terrasse und das Kaffeehaus weggehen, verschwinden mit seiner Geistesfracht … Und die Gäste des Cafés zerstreuten sich in alle Welt oder wurden gefangen oder wurden getötet oder brachten sich um oder duckten sich und saßen noch im Café bei mäßiger Lektüre und schämten sich der geduldeten Presse und des großen Verrats.«[57]

Zahlreiche Cafés werden in den ersten Jahren der Machtergreifung durch die Nazis geschlossen, oder sie verdorren einfach. Das gilt vor allem für diejenigen, die den neuen Machthabern dadurch ein Dorn im Auge sind, dass sie in den Gästen die verhassten »freien Geister« vermuten – Homosexuelle, Kommunisten oder andere zu Feinden der »Bewegung« Erklärte. Die Cafés, Bars und Lokale auf dem Kurfürstendamm stehen ganz oben auf der schwarzen Liste. Auch das *Romanische Café* wird 1933 geschlossen.

Ein Chefredakteur der rechtsnationalen Hugenbergpresse hetzt in dem Pamphlet *Kurfürstendamm – Zur Kulturgeschichte des Zwischenreichs* mit beißenden Worten

▲ Bücherverbrennung auf dem Berliner Opernplatz (heute Bebelplatz), Mai 1933.

über das Symbol der literarischen Kultur der Zwanzigerjahre. Mit »Zwischenreich« meint er natürlich die 15 Jahre der Weimarer Republik, und er bejubelt den Sieg über die Demokratie: »Der Kurfürstendamm zog sich mitten durch ganz Deutschland ... das war ein Kulturbegriff schlechthin geworden. In seinen Namen gefasst war ... jede Fäulniserscheinung einer sich zersetzenden Gesellschaft ... Der Kurfürstendamm ist heute besiegt und geschlagen.«[58]

Und doch: Die Olympischen Spiele im Jahr 1936 bescheren den Kaffeehäusern Berlins hohe Umsatzzuwächse, und in den Aschinger-Großcafés werden pro Jahr 208 000 Kilogramm Bohnenkaffee konsumiert. Das Berliner Telefonbuch von 1938 verzeichnet etwa 250 Kaffeehäuser. Es verwundert also nicht, wenn der amerikanische Schriftsteller Thomas Wolfe den Kurfürstendamm als »das größte Kaffeehaus Europas« bezeichnet.

Bis zur Eröffnung des *Café Einstein* 32 Jahre später würde es allerdings hinter dieser Fassade der Kaffeehausordnung kein echtes literarisches Kaffeehaus in Berlin mehr geben, denn Kaffeehauskultur und Diktatur vertragen sich nicht miteinander.

Viele Gäste des *Romanischen* verlieren mit der Schließung ihres Kaffeehauses ihr geistiges Zuhause, so auch einer der größten deutschen Kinderbuchautoren aller Zeiten: Erich Kästner. Als *persona non grata* wird der Autor des unvergesslichen *Emil und die Detektive* Zeuge der Verbrennung seiner eigenen Bücher auf dem Berliner Opernplatz:

»Und im Jahre 1933 wurden meine Bücher in Berlin, auf dem großen Platz neben der Staatsoper, von einem gewissen Herrn Goebbels mit düster feierlichem Pomp verbrannt …

Ich stand vor der Universität, eingekeilt zwischen Studenten in SA-Uniform, den Blüten der Nation, sah unsere Bücher in die zuckenden Flammen fliegen und hörte die schmalzigen Tiraden des kleinen abgefeimten Lügners. Begräbniswetter hing über der Stadt … Es war widerlich. Plötzlich rief eine schrille Frauenstimme: ›Dort steht ja Kästner!‹ Eine junge Kabarettistin, die sich mit einem Kollegen durch die Menge zwängte, hatte mich stehen sehen und ihrer Verblüffung übertrieben laut Ausdruck verliehen. Mir wurde unbehaglich zumute. Doch es geschah nichts. (Obwohl in diesen Tagen gerade sehr viel zu ›geschehen‹ pflegte.) Die Bücher flogen weiter ins Feuer. Die Tiraden des kleinen abgefeimten Lügners ertönten weiterhin. Und die Gesichter der braunen Studentengarde blickten, den Sturmriemen unterm Kinn, unverändert geradeaus, hinüber zu dem Flammenstoß und zu dem psalmodierenden, gestikulierenden Teufelchen.«[59]

Vieles sollte in den Jahren von 1933 bis 1945 in Berlin brennen: erst die Fackeln der Nazis, dann die Bücher, dann jüdische Geschäfte und Synagogen und zum Schluss die ganze Stadt.

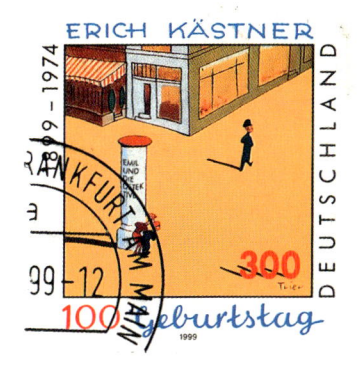

▲ Briefmarke zu Erich Kästners 100. Geburtstag.

▲ Die Polizei schließt das bekannte Transvestitenlokal *Eldorado* in der Motzstraße. Hier fanden die legendären »Tuntenbälle« statt.

DIE ROSSMANN-VILLA WÄHREND DER NS-HERRSCHAFT

Vieles ist hinter der Fassade scheinbarer staatlicher Ordnung seit 1933 geschehen, das die Familie Blumenfeld direkt betrifft. Was sie erleben, erzählt die Geschichte Hunderttausender: die nicht enden wollenden, umfassenden antijüdischen Ausschreitungen und die sukzessive pseudolegale Ausgrenzung und Stigmatisierung des jüdischen Bevölkerungsteiles durch die Reichsregierung sowie durch das Umfeld. Viele fragen sich immer wieder, wie sie sich angesichts der Bedrohung durch die Nazis verhalten sollen: In die Emigration zwingen lassen oder nicht? Lebenswerk und Heimat aufgeben, oder im Fluidum der Gewalt verharren?

Blumenfeld und seine Frau Lucia Margarete entscheiden sich für Letzteres – was das bedeutet, können wir erst aus der Perspektive ex post ermessen.

In Berlin sind die Blumenfelds geboren, hier haben sie immer gelebt, ihre ganze Existenz aufgebaut. Georg Blumenfeld hat wie viele andere preußische Juden den Ersten Weltkrieg in patriotischer Begeisterung erlebt und mit Kriegsanleihen deutsche Heeresaufträge finanziert.

Doch immer mehr Freunde emigrieren; viele davon nach Palästina oder Amerika. Hätte das Ehepaar Blumenfeld Kinder gehabt, so hätten sie diese höchstwahrscheinlich ebenfalls in das sichere Ausland gebracht. Mehr als 12 000 jüdische Kinder und Jugendliche können zwischen 1933 und 1941 mithilfe deutsch-jüdischer Organisationen ins europäische Ausland, nach Übersee und Palästina flüchten. Der Satz »Aus Kindern werden Briefe« ist eine gängige Redewendung unter den Eltern, die zurückbleiben müssen, und wird für viele zur brutalen Realität.

Aber Blumenfelds sind kinderlos geblieben. Die Familie besteht nur aus der unverheirateten Nichte Margaretes, Ellen Sussmann, die sie wie ein eigenes Kind liebt, sowie Georg Blumenfelds Bruder Kurt. Beide sollten in den Vernichtungslagern der Nazis ums Leben kommen.

Für die Bankiersfamilie, die in der Villa in der Kurfürstenstraße ein sehr luxuriöses Leben führt, kommt es bereits in den ersten beiden Jahren nach der Machtergreifung zu einschneidenden Rückgängen im Geschäft.

Die Benennung einer jüdischen Bankadresse ist für Privatkunden und im Firmenbereich nicht mehr opportun. Im Lauf der Jahre 1935 und 1936 stellen namhafte Großunternehmen mit einer erheblichen Abhängigkeit von Aufträgen, Bürgschaften oder gar Beteiligungen des Staates ihre Geschäftsverbindungen zu jüdischen Partnern völlig ein. Zum Verlust »arischer« Kundschaft treten wachsende Schwierigkeiten der etablierten oder neu hinzugekommenen jüdischen Deutschen. Deren aus der politischen Lage resultierende Absatz- und Liquiditätsprobleme ziehen auch die betreffenden Hausbanken in Mitleidenschaft.[60]

Manch eifriger Bürger steht in seiner »Sorge« um das Gebaren jüdischer Bankiers den Parteichargen kaum nach. In einem Schreiben einer aufmerksamen Berlinerin an die Gauleitung der NSDAP vom 28. September 1935 heißt es: »… hiermit möchte ich Ihnen nachstehend die Adresse eines russischen Juden geben, der mit beträchtlichen Summen deutsche Heeresaufträge finanziert. Es handelt sich um den Inhaber des Bankhauses G. Blumenfeld & Co., Unter den Linden 27.«[61]

Wenngleich sich die Blumenfelds als Privat- wie Geschäftspersonen in einem immer feindlicher werdenden gesellschaftlichen Klima bewegen, halten sie – freilich ohne das Wissen um die Zukunft – den nationalsozialistischen Terror gerade noch für erträglich. Sie können das Bankhaus und die Villa in der Kurfürstenstraße halten, die zum Rückzugsort der Familie sowie zum heimlichen Treffpunkt vieler jüdischer Freunde wird, denen die Öffentlichkeit genommen ist. Doch die Villen in der Kurfürstenstraße beherbergen schon bald die Totengräber ihrer wahren Eigentümer. Die Welle von (Zwangs-)Verkäufen und Liquidationen jüdischer Betriebe beginnt 1938.

Lion Feuchtwanger beschreibt das Gefühl der Hilflosigkeit und der Ohnmacht, das die Enteignungen allenthalben auslösen, mit bewegenden Worten: »Ich weiß nicht, wie Sie heißen, mein Herr, und auf welche Art Sie in den Besitz meines Hauses gelangt sind. Ich weiß nur, daß vor zwei Jahren die Polizei des Dritten Reiches mein gesamtes bewegliches und unbewegliches Vermögen beschlagnahmt … hat. … Sei dem wie immer, jedenfalls sitzen Sie, Herr X, in meinem Haus, und ich habe nach der Auffassung deutscher Richter die Zinsen zu zahlen. Wie gefällt Ihnen mein Haus, Herr X? Lebt es sich angenehm darin? Hat der silbergraue Teppichbelag der oberen Räume bei der Plünderung durch die SA-Leute sehr gelitten? Mein Portier hat sich damals in diese oberen Räume geflüchtet, die Herren wollten sich, da ich in Amerika war, an ihm schadlos halten, der Teppichbelag ist sehr empfindlich, und Rot ist eine kräftige Farbe, die schwer herauszubringen ist …«[62]

Am 9. November 1938 wird die Synagoge in der Fasanenstraße angezündet, und die jüdischen Geschäfte am Kurfürstendamm fallen der systematischen Zerstörung anheim.

Erich Kästner, der damals in der Roscherstraße unweit des Kurfürstendamms wohnt, sitzt im Taxi auf dem Heimweg: »Auf beiden Straßenseiten standen Männer und schlugen mit Eisenstangen Schaufenster ein. Überall krachte und splitterte Glas. Es waren SS-Leute … Jedem schienen vier, fünf Häuserfronten zugeteilt.«[63] Nach dieser Nacht beginnen die »Maßnahmen zur Ausschaltung des jüdischen Einzelhandels« und die systematische »Arisierung« der Geschäfte.

Die Kurfürstenstraße, einst Wohngegend jüdischer Kaufleute und Bankiers, wird zu einem der zentralen Erinnerungsorte an den NS-Terror. Dort, wo sich heute das Kaffeehaus befindet, soll in den megalomanen Fantasien des Hobbyarchitekten Adolf Hitler sowie seines »Generalinspekteurs für die Reichshauptstadt« Albert Speer bald alles dem Boden gleichgemacht werden, um eine wichtige Achse in der geplanten Welthauptstadt Germania realisieren zu können. »Berlin«, so der Diktator, soll »als Welthauptstadt nur mit dem alten Ägypten, Babylon oder Rom vergleichbar sein!« So werden die Gebäude in der Kurfürstenstraße beschlagnahmt oder deren Besitzer zum Verkauf gezwungen.

In das Gebäude des jüdischen Brüdervereins in der Kurfürstenstraße 115/116 zieht das von Adolf Eichmann geleitete »Judenreferat« IV B 4 ein. Eichmann ist seit 1935 mit der sogenannten jüdischen Auswanderung befasst. Das »Judenreferat« ist eine Dienststelle des Reichssicherheitshauptamtes (RSHA), in dem die Sicherheitspolizei (Geheime Staatspolizei, Kriminalpolizei) und der Sicherheitsdienst (SD) der SS zusammenarbeiten.[64] Ab 1941 gilt seine Tätigkeit nicht mehr der Vertreibung, sondern der *Vernichtung* aller Juden im nationalsozialistischen Herrschaftsbereich. Das Referat in der Kurfürstenstraße übernimmt seit Herbst 1941 die zentrale Organisation sämtlicher Deportationen von Juden aus Deutschland und den besetzten Ländern Europas.

Mit den Vorzeichen der wachsenden Gewissheit um die geplante unfassbare Vernichtung schnellt die Suizidrate in die Höhe. Unter denen, die den Freitod wählen, befinden sich viele Juden, die den Selbstmord als letzten Akt der Selbstbehauptung dem Terror der Nazis vorziehen. Besonders nach den groß angelegten antijüdischen Aktionen der Nationalsozialisten wie dem Boykott jüdischer Geschäfte am 1. April 1933, dem Anschluss Österreichs im März 1938 und dem Novemberpogrom im selben Jahr sehen viele keinen anderen Ausweg, als sich das Leben zu nehmen.[65] Junge Juden tendieren trotz aller damit verbundenen Schwierigkeiten – zumindest bis 1941 – zur Auswanderung oder können sich, wie etwa 10 000 Berliner Juden, versteckt halten.

1938 erfolgt auch die Liquidation der Bank G. Blumenfeld & Co. Vom 1. Januar 1939 an müssen Juden, die einen nicht eindeutig jüdischen Vornamen tragen, den Zusatznamen Sarah oder Israel führen. Georg Blumenfeld entscheidet sich am 21. Juni 1939, kurz vor Ausbruch des Zweiten Weltkrieges, für den Freitod mittels Einnahme von Gift.[66]

Die Übereignungsanzeige seines Hauses in der Kurfürstenstraße an die Deutsch-Polnische Gesellschaft, de facto eine SS-Stelle, datiert auf den 15. September 1939, also auf einen Zeitpunkt, da Georg Blumenfeld bereits auf dem Jüdischen Friedhof in Berlin Weißensee beerdigt ist. Sie besagt, er habe sein Haus samt Grundstück für eine – lächerliche – Summe von 25 000 Reichsmark »veräußert«. Die gleiche Summe erhält Heinz Rühmann für den 1936 gedrehten Liebesfilm *Allotria* als Gage.

Blumenfelds Name als Eigentümer des Grundstückes wird in der Bauakte mit einem dicken symbolträchtigen Strich getilgt – ebenso wie der Name Israel, den er von den Nazis verordnet tragen musste, auf den Begräbnisunterlagen des Jüdischen Friedhofs durchgestrichen wird.

Was aus seiner Frau Lucia Margarete wird? Als die allgemeinen Deportationen in die Gettos und Todeslager Osteuropas einsetzen und die Rate jüdischer Freitode ihren Höhepunkt erreicht, versteckt sie sich zunächst an verschiedenen Orten.[67] Der letzte Eintrag in der historischen Berliner Einwohnermeldekartei, die nur sehr lückenhaft überliefert ist, gibt bei der Volkzählung von 1939, die der systematischen »Erfassung« aller Berliner Juden dient, als zuletzt gemeldete Wohnorte die Lassenstraße 32/34 und die Pücklerstraße 8 in Berlin Grunewald an.

Margarete Lucia Blumenfeld nimmt sich am 11. November 1941 in ihrem Zimmer in der Lietzenburger Straße ebenfalls das Leben und wird an der Seite ihres Mannes beerdigt.[68]

Inhaber, Mitarbeiter und Stammgäste des *Café Einstein* gedenken beider Opfer, der ehemaligen Besitzer des Hauses, mit zwei Stolpersteinen, die seit September 2009 auf dem Trottoir vor dem Café zu finden sind.

Denjenigen, die im Stadtbild Berlins weiter auf den Spuren des Ehepaars Blumenfeld wandeln möchten, sei ein Gang auf den Jüdischen Friedhof in Berlin-Weißensee empfohlen. Ein Besuch auf diesem außergewöhnlichen Friedhof lohnt sich – auch, um der 1667 Berliner Juden zu gedenken, die nach ihrem erzwungenen Freitod in den Jahren 1938 bis 1945 hier bestattet wurden.

1940: Die Rossmann-Villa ist jetzt Amtssitz der Deutsch-Polnischen Gesellschaft, die in den letzten Kriegsjahren in Zentralstelle Osteuropa umbenannt wird.[69] Geschäftsführender Generalsekretär ist der SS-Obersturmbannführer Dr. Peter Kleist von der Dienststelle der NSDAP für außenpolitische Fragen. Kleist, der sich nach 1945 als rechtslastiger Journalist und Buchautor zu Themen rund um die deutsche Ostpolitik einen Namen machen sollte, steht dem NS-Chefideologen Alfred Rosenberg nahe, dessen frühe Schriften, insbesondere die über eine angebliche Verzahnung von Judentum und Bolschewismus, ihn zu *dem* Ostexperten der NS-Bewegung avancieren lassen.

Von der Kurfürstenstraße 58 aus nimmt Kleist, in unmittelbarer Nähe zu Eichmanns Vernichtungsapparat, die deutsche Ostpolitik in die Hand. Hierzu sei angemerkt, dass die ideologische Grundlage jener »Ostpolitik« von völkischen, antisemitischen, antibolschewistischen und rassistischen Pseudotheorien zehrt. Was hier de facto geplant wird, die »Germanisierung des Ostens«, ist fester Bestandteil der NS-Vernichtungs- und Expansionspolitik.

Naziprominenz geht in dem heutigen Kaffeehaus ein und aus. Nicht weit entfernt von der Reichskanzlei, dem Bendlerblock und den Ministerien in der Wilhelmstraße finden in der Villa konspirative Gespräche mit Rosenberg und anderen SS-Größen sowie mit wichtigen Militärs statt. So ist mehr als wahrscheinlich, dass auch Goebbels, Hitler und andere aus der Spitze des Parteiapparats sich hier mit Kleist und Rosenberg beraten haben.

Offiziellere Gespräche, beispielsweise mit Botschaftern der Länder, die man während des Krieges gegen die Sowjetunion für den paramilitärischen Kampf gegen die Rote Armee gewinnen möchte, werden in das nahe gelegene, mondäne *Hotel Eden* verlegt, das sich in der Kurfürstenstraße, Ecke Budapester Straße befindet.

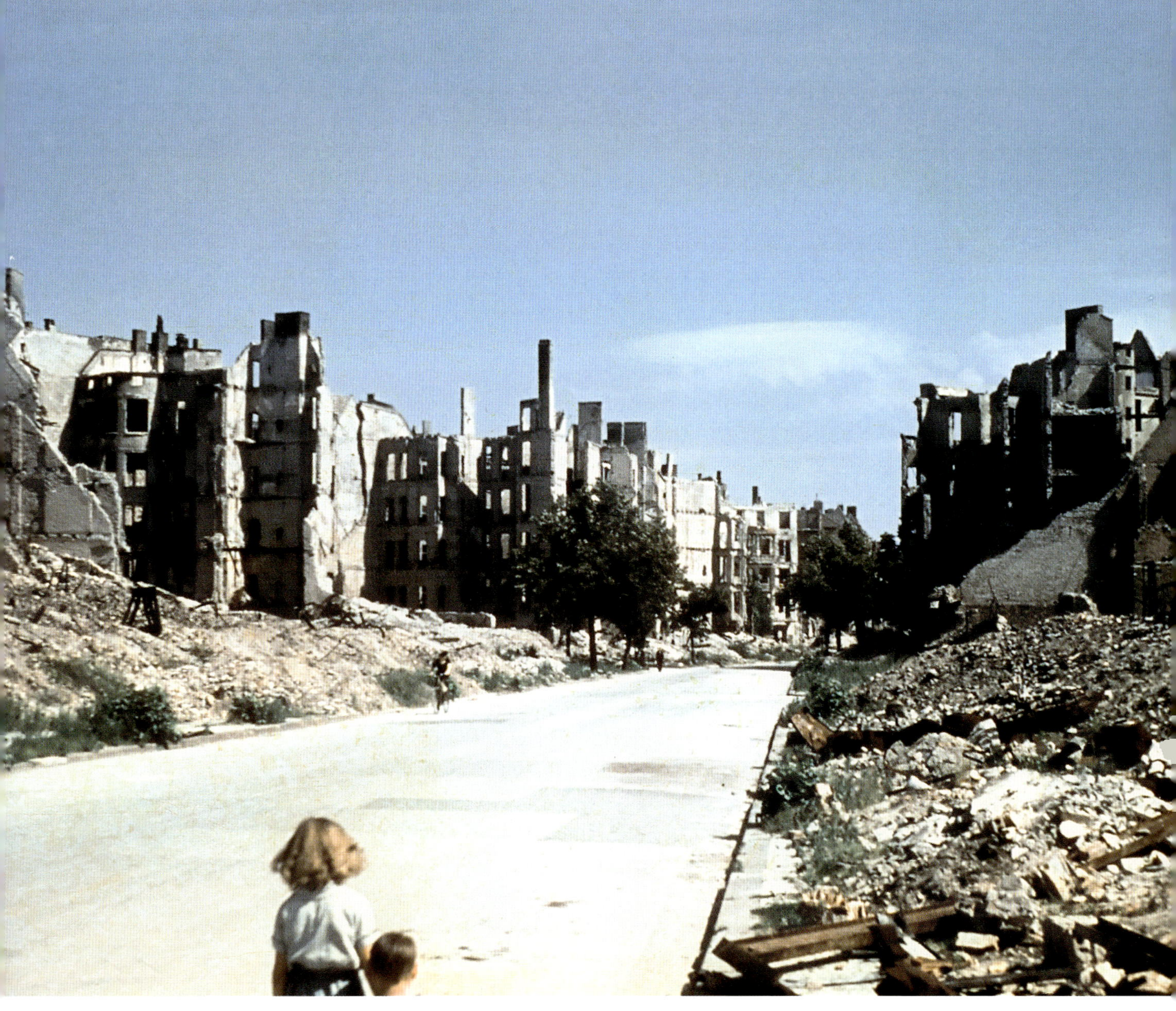

Vor der Eröffnung des *Café Einstein* im Mai 1978 wird im Keller des Hauses eine mysteriöse Ikone des NS-Terrors gefunden: Ein verschlossener Tresorraum, der, wie alte Pläne des Hauses zeigen, schon dem Bankier Blumenfeld gehörte, wird von einem Schlüsseldienst aufgebrochen – alles, was man im Innern des Tresorraumes findet, ist eine akkurat über einen Stuhl gelegte SS-Uniform. Hat SS-Obersturmbannführer Kleist sie bei einer überstürzten Flucht vor den russischen Soldaten, die bereits vor den Toren Berlins stehen, im Frühjahr 1945 hier hinterlassen? Man kann nur spekulieren, und die Antwort auf diese Frage bleibt unter Schutt, Asche und ausgelöschten Erinnerungen begraben.

Über 300 Luftangriffe verwandeln Berlin in ein Trümmerfeld. Das Kielganviertel ist stark zerstört. Auch die Aktenlage gerät ins Wanken, da die Beweise für das Ausmaß des Schreckens ganz im preußischen Untertanengeist gründlich vernichtet werden. So sind nur wenige Dokumente über die »dunkle Vergangenheit« der Rossmann-Villa erhalten.

Wieder unter dem Namen Deutsch-Polnische Gesellschaft sollte die Zentralstelle Osteuropa noch bis 1960 in der Kurfürstenstraße 58 verbleiben – natürlich mit »entnazifiziertem« Personal und gänzlich anderen Zielen, nämlich der Annäherung zwischen Deutschland und Polen. Angesichts der politischen Entwicklung im Ostblock, die keine Hoffnungen auf eine solche Annäherung zulässt, wird der Verein ein Jahr vor Bau der Berliner Mauer aufgelöst. Ein Vorstandsmitglied ist im Verband Berlin-Brandenburgischer Wohnungsbauunternehmer, der die unklaren Besitzverhältnisse mit den Restitutionsexperten der Alliierten regeln und das Haus schließlich erwerben kann.

Und die Kaffeehauskultur? – Die nächsten Jahrzehnte sollte es, bis zur Eröffnung des *Café Einstein* in Westberlin, kein wirkliches Literaturcafé mehr geben. Warum das so ist, obwohl Krieg und Nationalsozialismus doch »so weit zurückliegen«, fragt sich Walther Kiaulehn bereits in den Fünfzigerjahren in seiner vielfach aufgelegten Berlin-Biografie. Seine lakonische Antwort lautet, unter Berufung auf Fontane: »›Ach Luise, das ist ein weites Feld‹, pflegte der alte Briest zu sagen, wenn ihm die Fragen zu schwer wurden.«[70]

Offensichtlich liegen Nationalsozialismus und Krieg doch nicht so weit zurück, wie Kiaulehn meint. Es scheint vielmehr die von Krieg und Holocaust in die deutsche Geschichte gerissene Wunde noch so frisch, dass man sie nicht berühren kann.

◄ Abb. links: Kurfürstenstraße 1945: nur noch Schutt und Asche.

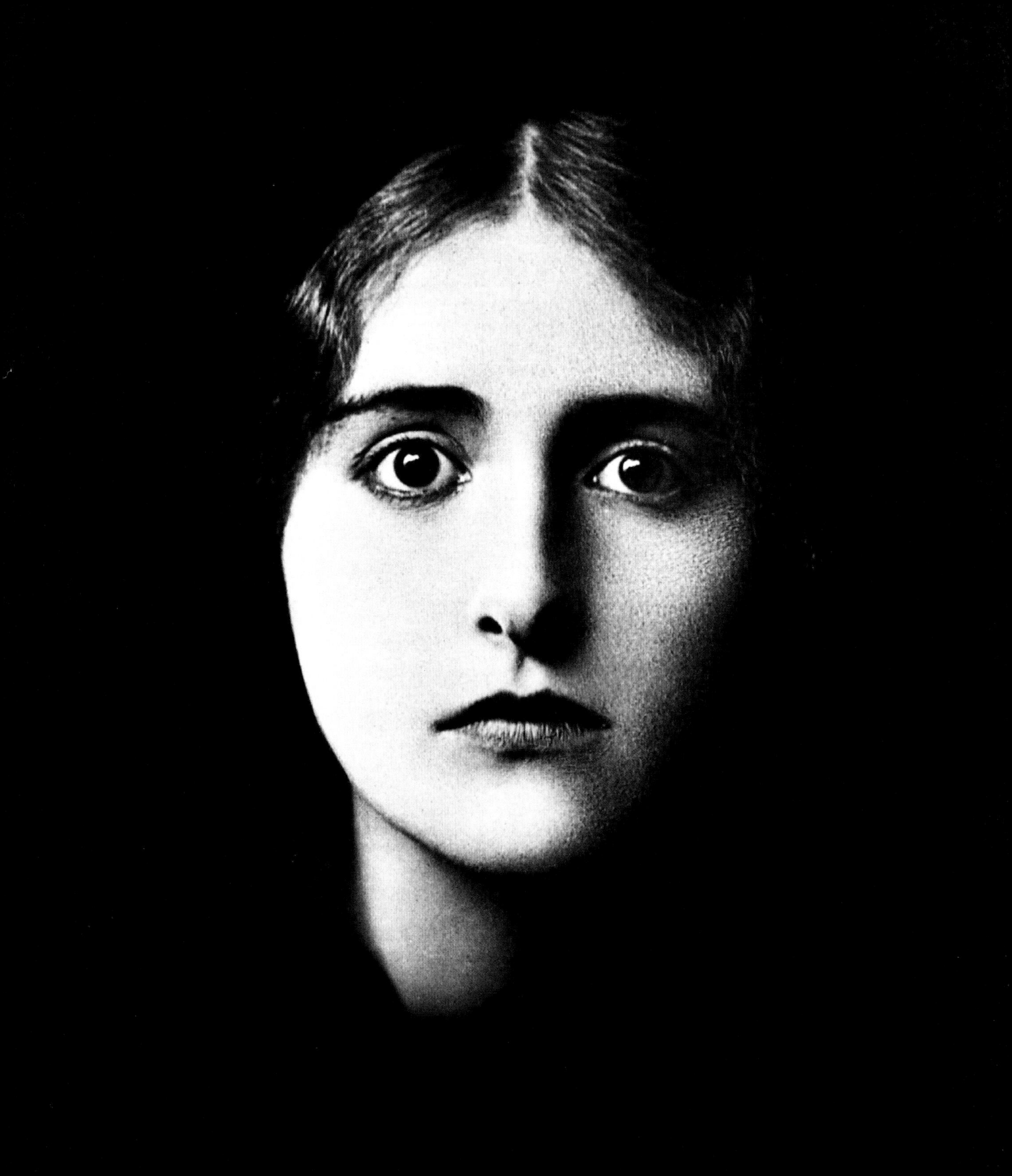

ZWEITE POSTUME UNTERHALTUNG MIT HENNY PORTEN

KB: Guten Abend, Frau Porten.

HP: Guten Abend. Es war ja nur folgerichtig, dass es in den ehemaligen Privaträumen der Blumenfelds und den Klubräumen des Klub des Westens einmal eine Bar geben würde. Das Haus ist immer noch schön wie in einem Ufa-Film.

KB: Die Bar *Lebensstern* gibt es erst seit wenigen Jahren. Möchten Sie einen Aperitif? Mir wurde gesagt, hier gebe es die größte Rum- und Ginauswahl Europas, sogar einen Rum aus der Prohibitionszeit, die Sie ja selbst erlebt haben.

HP: Nein danke, ich brauche so etwas nicht mehr.

KB: Sie kannten die Familie Blumenfeld gut?

HP: Natürlich. Wir waren Freunde.

KB: Ich habe ein paar Fragen über das Leben in diesem Haus … wie es so war in den Dreißigerjahren. Wissen Sie, es gibt doch so viele offene Fragen. Die älteren Nachbarn und alte Stammgäste haben so viel erzählt. – Man munkelt, es habe hier ein Kasino gegeben, einen Offiziersklub, eine Rohrpostleitung zum Führerbunker … all das ist so spannend, doch keiner weiß mehr Genaues … Gab es hier im Haus ein illegales Kasino, eine Rohrpostleitung?

HP: Antworten kann ich darauf nur bis zu dem Moment geben, als die Nazis das Haus besetzten. Ich will es Ihnen kurz erklären: Unsere Filmproduktionsgesellschaft in der Friedrichstraße lag unweit unserer Bank. *Blumenfeld und Co.* hatte seinen Sitz Unter den Linden 27. Mein Mann und ich hatten uns eines Tages mit diesem netten Ehepaar angefreundet, als wir gemeinsam zu einer Dinnerparty eingeladen waren. Unter den Bedingungen des Naziregimes ging es uns allen bald immer schlechter. Da hält man zusammen. Georg Blumenfelds Schwägerin hat sich von seinem Bruder auf kaltblütigste Art und Weise scheiden lassen, weil er Jude war. Freunde wurden eine Rarität. Wir konnten uns nicht mehr ungestört im öffentlichen Raum bewegen. Und dabei ging es uns besser als vielen weniger privilegierten Berliner Juden. Die Villa hatte alles, was wir uns wünschen konnten, und so haben wir uns oft heimlich hier getroffen.

KB: Was haben Sie denn an diesen Abenden gemacht?

HP: Wir haben Radio gehört, die politische Situation diskutiert, Karten gespielt, getrunken, gegessen – manchmal gesungen, doch das wurde immer seltener. Für viele unserer Freunde war das Ganze ein permanenter Drahtseilakt. Man wusste doch niemals, wie sicher man noch in Deutschland war … und wann das Licht endgültig erlischt. Darum gab es auch die schwere Tür zwischen den beiden großen Räumen in der Belle Etage; jene hatte ein einseitiges

Guckloch als Vorsichtsmaßnahme. Falls die Gestapo gekommen wäre, wären wir gewarnt gewesen.

KB: Aus der Rückschau ist kaum vorstellbar, dass die Blumenfelds und andere nicht emigrierten.

HP: Wir alle hatten nicht – am wenigsten Georg Blumenfeld – daran geglaubt, dass er in seinem Alter und mit allem, was er für Berlin und Deutschland getan hatte, von den Nazis verfolgt und in den Tod getrieben würde. Er fühlte sich irgendwie sicher, wollte keine gefälschten Papiere. Er war immerhin schon über 60. Man hätte ihn nicht mehr aus Berlin hinausbringen können. Das hätte ihn zerstört.

KB: Das hat es aber doch so auch.

HP: Sie meinen, weil er sich vergiftet hat? Das war der letzte Ausweg – für ihn, wie für viele andere auch.

KB: Und seine Frau?

HP: Wir, also ihre Nichte Ellen, Alfred Karpen, der Rechtsanwalt der Familie, die anderen Freunde und ich haben nach Georgs Tod noch versucht, ihr zu helfen – besonders Alfred. Wissen Sie, er hat sich in der Widerstandszelle um General Fritz Lindemann bewegt. Ich glaube aber auch, dass er Margarete Lucia sehr mochte. Sie musste oft umziehen – sich verstecken. Man hörte immer mehr von Deportationen. Viele unserer Freunde verschwanden. Es war unfassbar – erschien uns aber immer wahrscheinlicher. Schließlich nahm auch sie sich das Leben.

KB: Vielen Dank für Ihre Auskunft, Frau Porten.

HP: Leben Sie wohl.

HEIMWEH NACH DEM KURFÜRSTENDAMM?

Kaffee gibt es nach dem Krieg nicht. Die meisten Berliner Cafés sind bei Kriegsende unwiderruflich zerstört. Jene, die wieder aufgebaut werden, dienen der Grundversorgung der Bevölkerung mit Speisen.

1948 beträgt der Schwarzmarktpreis für ein Kilogramm Bohnenkaffee rund 850 Reichsmark. Nach der Zweiteilung der Stadt sinkt der Schwarzmarktpreis für Kaffee im Westen sukzessiv, während im Ostteil eine strikte Kaffeerationierung beginnt.

Doch während sich mit den Jahren in Westberlin tortenseliges Vergessen etabliert, gilt für den »sozialistischen« Osten der Stadt weiterhin jenes Diktum, wonach Diktatur und Kaffeehaus keine glückliche Allianz eingehen können. In der DDR gibt es dann auch auffällig wenige Cafés. Wo Menschen zusammenkommen und reden, so die *Zeit*-Kolumnistin Jutta Voigt, wittert die Partei Gefahr, denn dort »lauert der Dämon Veränderung, und Kommunikation ist die Mutter der Konterrevolution«. Und in der Tat: Die Geschichte belegt es. 1789 ruft der Journalist Desmoulins im Pariser *Café de Foy* die Menge auf, zu den Waffen zu greifen. Ein halbes Jahrhundert später streiten der junge Marx und Friedrich Engels mit Max Stirner über Hegel und den Weltgeist. Auf die Nachricht, dass in Russland eine Revolution vor der Tür stehe, hat ein Wiener Ministerialbeamter bemerkt: »Gehen's, wer soll denn in Russland eine Revolution machen? Vielleicht der Herr Trotzki aus dem *Café Central*?«[71]

Die wehmütige Erinnerung an die Vor-Vergangenheit der Stadt, also vor 1933, paralysiert viele und erweckt die Sehnsucht nach dem Kurfürstendamm der Zwanzigerjahre, der im Licht der Erinnerung mythischer glänzt denn je. Sahnetortengemütlichkeit und Cappuccino mit Schlagsahne unter rot-weiß gestreiften Markisen spotten untergegangenen Orten wie dem *Romanischen Café*, dem *Café des Westens* oder *Mampes Guter Stube* (heutiges Restaurant *Marché*), wo einst Joseph Roth seinen großartigen Roman über die untergehende Donaumonarchie verfasste.

Das *Café Kranzler,* 1945 bei der Erstürmung Berlins durch die russischen Alliierten vollständig zerstört und bis 1957 schrittweise wieder aufgebaut, erscheint

▲ Präsentation der neuen Sommerkleider von Heinz Oestergaard auf dem Kurfürstendamm.

nun den Westberlin-Reisenden als Inbegriff der Kaffeehauskultur: zwei Etagen, Marmorwendeltreppe und Aussicht auf den Kurfürstendamm, der an die Zerrissenheit der Stadt erinnert. Dreidimensionaler Ausdruck dieser Zerrissenheit wird 1961 die Berliner Mauer. 28 Jahre lang sollte sie schwer im Erinnerungsgepäck der Deutschen wiegen, und Hölderlins Diktum: »Ich kann kein Volk mir denken, das zerrissner wäre, wie die Deutschen«, nimmt mit dem Schrägstrich durch Berlin materielle Gestalt an: Stacheldraht, Bunker, Hundepatrouillen, Wachtürme, Minen, Selbstschussanlagen und fensterlose Häuser am anderen Ende eines trostlosen, offenen Raumes.

Das alles gehört zur Ikonografie der Mauer, und ebenso natürlich die Volkspolizisten mit – wie Günter Grass schreibt – »den unverkennbaren Attributen der nackten und dennoch nach Schweinsleder stinkenden Gewalt«. Ein Mauersegment ist einen Meter zwanzig breit – lächerlich dünn, gemessen an der Undurchdringlichkeit seines symbolischen Kerns.

Was heute wie ein nächtlicher Albtraum anmutet, hat die Faszination des Grauens. Kaum ein Ort im Nachkriegs-Berlin hat eine so starke Anziehungskraft wie die Mauer. Neben Ku'damm mit Gedächtniskirche und *Kranzler*-Besuch ist sie Ausflugsziel Nummer eins. Freiheit contra Totalitarismus, abenteuerliche Tunnelfluchten, Ost-West-Spionagegeschichten à la John Le Carré erscheinen beim Anblick der bunt bemalten Mauer vor dem geistigen Auge des Touristen. Dieser verschwindet hinter der Kamera, um ein schaurig-schönes Erinnerungsfoto von einer ungewöhnlichen Stadt zu schießen.

Für die Westberliner wandelt sich die Bedeutung der Mauer im Lauf der Jahre. Jeden Tag den Schreckenswall vor Augen, lernen sie, mit ihm zu leben und die Vorzüge des Inseldaseins auszukosten, zu denen die sogenannte Zitterprämie (8% Nettozulage) oder die fehlende Sperrstunde gehören. Anlieger entdecken die Vorteile ruhiger, innerstädtischer Wohnlagen. Im Schatten der Mauer zechen sie, joggen oder gehen mit dem Hund spazieren. Traditionsreiche Restaurants wie die *Henne* am Leuschnerdamm in Kreuzberg befinden sich unmittelbar an der Mauer.

▲ Westberliner beim Kaffeetrinken vor der Sperrmauer am Potsdamer Platz, 24. August 1961 (Aufnahme: Karl-Heinz Schubert).

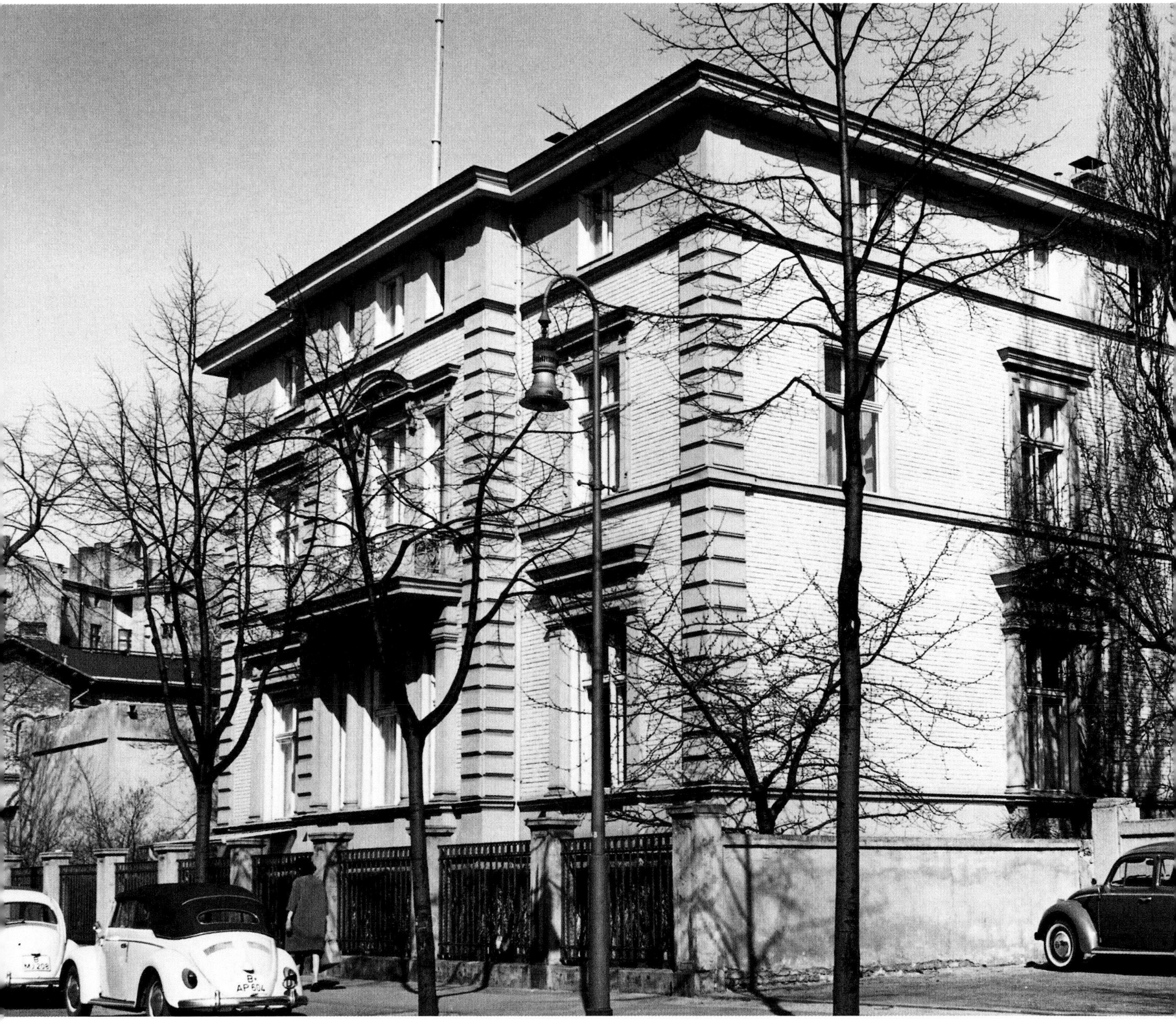
B
AP 604

EIN KAFFEEHAUS AUF DEM DROGENSTRICH

Der französische Bildhauer Auguste Rodin soll in seinem Hang zum Fragmentarischen in der Kunst einmal gesagt haben: »*Schöner* als eine *schöne* Sache ist die *Ruine* einer schönen Sache.«

Ich bin mir nicht sicher, ob das für das Kielganviertel in den Siebzigerjahren des 20. Jahrhunderts ebenfalls gilt. Die Struktur der einst noblen Wohngegend hat sich auf geradezu groteske Weise verändert. Mit der Nähe zum Potsdamer Platz befindet sich die Rossmann-Villa jetzt nicht nur am Rande der westlichen Welt, sie liegt mit ihrer Nähe zum Drogenstrich nun auch am Rande der Gesellschaft. Die meisten alten Häuser sind unwiederbringlich zerstört, und die letzten materiellen Zeugnisse der Vergangenheit sollen der Stadtautobahnplanung zum Opfer fallen. Durch eine tatsächliche Realisierung des damals geplanten Straßenverkehrskonzeptes wären neben der Kurfürstenstraße 58 auch das angrenzende herrschaftliche Gebäude, das der königliche Bauinspektor Schwatlo 1870 für sich und seine Familie errichten ließ und das später von den Nazis mit neoklassizistischem Anstrich versehen wurde, sowie die dem *Café Einstein* gegenüberliegende Villa Fromberg (Kurfürstenstraße 132) der Abrissbirne zum Opfer gefallen. Das Haus gehörte übrigens einst dem Privatbankier Georg Fromberg, um die Jahrhundertwende einer der reichsten Männer Berlins.

Der Verband Berlin-Brandenburgischer Wohnungsbauunternehmer zieht aus der Nr. 58 aus und verkauft das Haus mit der Option auf Rückkauf an den Bezirk Berlin-Tiergarten. Die Villa steht nun leer. Abweisend schotten die heruntergelassenen und vernagelten Rollläden das Gebäude von außen ab. Um das Anwesen nicht völlig dem Verfall preiszugeben, gibt es einen Hausmeister, der ab und zu nach dem Rechten sieht. Der Garten ist verwildert, das Gras hüfthoch – so verdeckt es immerhin die weggeworfenen Fixerspritzen neben der blühenden Kastanie.

Die Kulisse um Haus und Garten setzt sich zusammen aus Brachflächen, Neubauten, Möbelhäusern, Schrottplätzen, Autowerkstätten und auf- und abgehenden Prostituierten, denen im September 1978 das Magazin *Stern* durch die Repor-

◄ Abb. links: Kurfürstenstraße 58 um 1960 (links im Bild die Garage, die heute nicht mehr existiert).

Die Diskothek Sound in der Genthiner Straße, Kulisse von Christiane F.

tage über die heroinabhängige Christiane F. ein Gesicht geben wird. Neben dem Bahnhof Zoo ist die Kurfürstenstraße der zentrale Handlungsort ihrer Prostitution und Suchtleiden. Nach der Gründung des *Café Einstein* (1978) sollte auch das Innere der Villa zum Anlaufpunkt heroinabhängiger Jugendlicher werden, die sich durch den Lieferanteneingang schleichen, um sich auf den Toiletten im Kellergeschoss einen Schuss zu setzen.

Auf den zahlreichen Plakatflächen in der langen, öden Straße befindet sich neben Fahndungsplakaten, die RAF-Terroristen mit finsteren, entschlossenen Mienen zeigen, Werbung für die Diskothek *Sound* in der nahe gelegenen Genthiner Straße – ein Mund vor strahlenförmigem Regenbogenmuster. Von einem anderen Plakat strahlt John Travolta in einem knalligen weißen Polyesteranzug und Disco-Pose für den Kultfilm des Jahres, *Saturday Night Fever*. Zeitgleich läuft der Film *Deutschland im Herbst* an und thematisiert die politische Stimmung im September/Oktober 1977 um die Schleyer-Entführung, die Geiselbefreiung in Mogadischu und den Tod der RAF-Terroristen der ersten Generation im Gefängnis Stuttgart-Stammheim. Keine Frage: Die Siebzigerjahre sind ein Jahrzehnt markanter historischer Widersprüche.

100 Jahre nachdem die Villa entstanden war, setzt ihre Metamorphose zum Kaffeehaus ein, denn die Exil-Österreicherin Uschi Bachauer hat sich in den Kopf gesetzt, in Berlin ein Wiener Kaffeehaus zu eröffnen. Auf der Suche nach dem geeigneten Ort streift sie durch die Stadt und kommt vom Nollendorfplatz in die Kurfürstenstraße, geht an den Mädchen vorbei, die auf einen Freier warten. Sie hegt gerade überhaupt keine Erwartungen und bleibt wie vom Blitz getroffen vor der verlassenen Rossmann-Villa stehen, die trotz ihres schlechten Zustandes so gar nicht in das Straßenbild hineinpasst. Wie hypnotisiert starrt sie auf das Haus und weiß es sofort. Sie zündet sich eine Zigarette an, ihr Herz rast wie verrückt. Das ist es. Es gibt jene Orte eben wirklich, die der geistigen Landschaft entsprechen und von denen man schon immer geträumt hat. Es ist etwas Besonderes, solche Orte dann auch zu finden.

Mit ihrer Begeisterung für die Kaffeehausidee und die leer stehende Rossmann-Villa kann Uschi Bachauer drei Bekannte motivieren, sich finanziell an dem Projekt zu beteiligen. Das Gründungsquartett besteht aus den Sozialpädagogen Peter Brunsch, Karin Gaebert, Uschi Bachauer und Johannes Kohlrusch. Letzterer wird als Einziger der vier nicht Geschäftsführer und ist der Erste, der sich aus dem Unternehmen zurückzieht. Trotz der Tatsache, dass keiner von ihnen gastronomische Vorkenntnisse besitzt und ihnen sehr wenig Geld zur Verfügung steht, setzen sie alle Hebel in Bewegung, um ihr Kaffeehausprojekt zu realisieren.

Die prädestinierte Lage der Villa am Straßenstrich bringt das Bezirksamt Tiergarten auf den Gedanken, eine zusätzliche Hürde zu errichten, denn immerhin könnte sich hinter dem *Einstein*-Projekt der plausible Plan verstecken, in der Villa ein Bordell zu eröffnen. Eine Vermietung an das *Einstein* koppelt die Stadt deshalb an die Bedingung, das erste Stockwerk müsse an eine öffentliche Institution vermietet werden. So kommt es zu einer Allianz des *Café Einstein* mit der DAAD-Galerie, die im November 1978 mit einer Präsentation des französischen Konzeptkünstlers Ben Vautier im ersten Stock des Hauses ihre Eröffnung feiert. Andere bekannte Künstler werden bis zum Auszug der Galerie im Jahr 2005 folgen, unter ihnen der Brite Damien Hirst, Daniel Spoerri und Michelangelo Pistoletto, der in Berlin an seinen Spiegel-Gemälden arbeitet. Auch Performances finden in den ehemaligen Privaträumen des Bankiers Blumenfeld statt.

»Keiner von ihnen hatte einen Pfennig Geld zu viel, keiner von ihnen hatte Lust irgendeiner Regel zu folgen – alle vier wollten sich nur dem Charisma des Hauses hingeben«, erinnert sich Bachauer-Tochter Valeska. Das tun sie dann auch. Die Einstein Stadtcafé GmbH mietet die Villa vom Grundstücksamt Tiergarten auf zunächst zehn Jahre mit einem Stammkapital von 20 000 DM (von jedem werden 5000 DM eingezahlt) für monatlich 4000 DM und beginnt eigenhändig mit den Renovierungen. Der Umbau verschlingt horrende Summen. »Sogenannte Fachleute oder Insider der Kneipenszene während der Siebzigerjahre in Westberlin«, erzählt Wolf Peter Brunsch, »empfahlen mir damals, das Geld besser aus dem Fenster zu werfen, als damit ein ›Wiener‹ Kaffeehaus als Heimstatt für die Literaturszene zu etablieren. Sie behielten Unrecht und wurden Stammgäste.«

Der Name *Einstein* hat weder etwas mit dem Genie Albert Einstein noch mit dem Berliner Schriftsteller Carl Einstein zu tun; geboren ist er in Anlehnung an die Minimal-Oper *Einstein on the Beach*. Diese Oper über Zeit und Raum ist das Meisterwerk von Bob Wilson und Philipp Glass, das in den Siebzigerjahren den Begriff von Oper revolutioniert.

APFELSTRUDEL UND AVANTGARDE

Die Renovierungsarbeiten sind geschafft. Es ist Sonntag, der 21. Mai 1978, 15 Uhr. Leider ist das der Beginn eines dieser typischen Sommer, auf die man die ganze Zeit mehr oder weniger vergeblich wartet. Ein ekelhaft feuchter Sommer also – aber auch ein besonderer Sommer für die Kulturgeschichte des Berliner Kaffeehauses. 45 Jahre nach Schließung des legendären *Romanischen Cafés* am Kurfürstendamm eröffnet das *Café Einstein* in der Kurfürstenstraße mit dem Anspruch, die vormalig in der Umgebung bereits etablierte Berliner Kaffeehaustradition von vor 1933 wieder aufzunehmen.

Die Leute kommen in Scharen, um das zu erleben. Zwischen langhaarigen »Spontis«, Müttern mit schreienden Kindern auf dem Arm, Schlaghose tragenden Künstlern und Kunstgierigen schreiten die befrackten Kellner mit überladenen Tabletts. Vielleicht tun sie das noch etwas unsicher, da neu im Dienst oder eben neu an diesem Ort.

Um 20:15 Uhr sendet die ARD den üblichen Tatort – damals gibt es wenig Auswahl im Programm –, als im neuen *Einstein* das Herzfeld Quartett Mozart und Haydn spielt. Es folgen Maskentänze aus Bali von Made Djimat und Alain Guémard. Unverkennbar zeigt das kulturelle Eröffnungsprogramm, dass jedes Kaffeehaus neben aller Zeitlosigkeit immer auch Spiegel der jeweiligen Gegenwart ist.

Im Gründungskonzept des Quartetts heißt es: »Das Programm soll nicht an den in Berlin üblichen Songschnulzen und Pseudofolklore orientiert sein, sondern auf musikalisch hochstehenden Darbietungen, für die wir als unterste Qualitätsgrenze das Chanson festlegen. Vor allem außereuropäische Musik – indischer Raga, indonesische Gamelanquartette und japanische Kotosolisten sollen zur Aufführung gebracht werden. Daneben eine von uns entwickelte meditative Raummusik, quadrophonisch aufgenommenes Meeresrauschen, Schlaginstrumente tibetanischer Künstler.«

Die Eröffnung ist ein voller Erfolg, und die Presse überschlägt sich mit Berichten über das Ereignis. Tänzer, Literaten, Pantomimen, Jazzformationen, nackte Performancekünstler oder sogar die Berliner Philharmoniker finden hier ein Forum.

▲ Eröffnungsabend im Garten des Kaffeehauses.

Daneben gibt es Minimalmusik, Musik des Mittelalters, kritische Lieder der Zwanzigerjahre und immer wieder mehrstündige akustische Abläufe mit Instrumenten fernöstlicher Klöster.

Der Charakter des *Einstein* solle, so die Gründer, der eines »radiophonischen Outlets der Avantgarde« sein, und was auch immer das genau heißen mag, es klingt nach etwas ganz Besonderem. Diesem hohen Anspruch, dem sich die vier Gründer verpflichtet fühlen, steht diametral der Wunsch entgegen, »keine elitäre Geschichte machen zu wollen«.[72]

Nicht nur aus heutiger Sicht ist schwer vorstellbar, in ein Kaffeehaus zu kommen, in dem vom Tonband gespielte »quadrophonische Klänge« und Wasserfallgeräusche erklingen, während zeitgleich »Das Lied der Schlümpfe« von Vader Abraham die deutschen Charts blockiert. Mit Blick auf den Straßenstrich bei Kabuki-Theater und balinesischem Tanz auf sein Wiener Schnitzel zu warten, das ist auch Ende der Siebziger ein mutiges Experiment.

Geöffnet ist das neue Kaffeehaus, wie heute noch, zwischen 10 Uhr morgens und 2 Uhr nachts. »Neben Speisen im böhmischen und Wiener Stil lassen Kuchen und Torten aller Variationen die Pupillen ständig weiter werden. Aber ein allzu gieriges Aufladen aufs Tablett wird schnell durch ein paar Zahlen gebremst, die da zufällig auch noch stehen. Manches also vielleicht ein bisschen teurer, aber wo in Westberlin bekommt man schon seine Sachertorte mit charmantem Wiener Dialekt serviert?«[73]

In ganz Westberlin gibt es im Meer der italienischen Eisdielen nichts Vergleichbares. Das findet auch Achim Schächtele, Personifikation einer anderen Westberliner Institution, des *SO 36*: »Kaffeehäuser gab es damals keine in Berlin, Café-Konditoreien wie das *Möhring* oder das *Kranzler*, ja, aber danach stand den 68ern und Kriegsdienstverweigerern weniger der Sinn. Auch das Westberliner Angebot an Restaurants war nicht aufregend: bürgerliche Küche oder Studentengastronomie. Angesagt waren Ende der Siebzigerjahre Orte, an denen etwas passiert, wo man sich verwirklichen und auch etwas entdecken konnte: Kultur oder auch Menschen.« Vielleicht gerade weil hier etwas passiert, bleibt beispielsweise auch der Dichter und Erlebnisgeiger Tilmann Lehnert bis heute dem *Einstein* treu.

Geheimnisvolle Geschichten um Henny Porten als Hauseigentümerin, um die Vergangenheit als Nazikasino und die Rohrpostleitung zum Führerbunker im

▼ Uschi Bachauer mit Klezmer-Musikanten.

ersten Stock potenzieren die Anziehungskraft des Hauses. Alle Stammgäste kennen und lieben diese Geschichten und wollen sie immer wieder hören. Und außerdem ist, wie Gerald Uhlig mit kreativ-idealistischem Blick auf die Situation der Prostituierten in der Kurfürstenstraße meint, die Gegend ein »reizvoller Kiez für Künstler«: »Als ich das erste Mal ins *Einstein* kam und das erleuchtete Kaffeehaus sah, diese prächtige Villa mit den Prachthuren davor, dachte ich nur: Das ist genau das, was ein Künstler als Inspiration braucht und auch sucht. Es war fantastisch und faszinierend.«

Ein anderer Stammgast der ersten Stunde ist der Fotograf Jim Rakete, der das *Café Einstein* immer wieder als Hintergrund für Starporträts nutzt. Treffend beschreibt er die Atmosphäre der frühen Jahre:

»Die Katze saß im ersten Sonnenlicht auf der Fensterbank. Der Kellner spielte Klavier. Es war kurz vor zehn. Eine Katze, ein Kellner und ein Gast warteten darauf, dass sich die Espressomaschine aufheizte. Das *Café Einstein* in der Kurfürstenstraße nahm sich die Zeit, die es seinem Anspruch an Qualität schuldete. … Man saß auf durchgesessenen Bänken, die Wände waren abgewohnt, und das Parkett knarzte unter den Schritten der hübschen Kellnerinnen. Der Blick durch die Fenster in den Garten war erbaulich. Der Wandspiegel ließ die Räume noch größer erscheinen, als sie ohnehin schon waren. Die Melange war so riesig, dass man den ganzen Tag grüblerisch darüber verbringen konnte. Die Küche wusste ein Wiener Schnitzel zuzubereiten und verblüffte mit Kaiserschmarrn und Zwetschgenröster. Es gab sämtliche Tageszeitungen. Man schrieb 1979. Mir war sofort klar: Dies wird fortan mein Wohnzimmer.«[74]

In dieser Beschreibung wird deutlich, dass das Ganze noch den Charme des Improvisierten, Unfertigen und Spontanen hat. Es gibt einen gemieteten Steinway-Flügel, eine kleine Bühne, zunächst Teppichboden statt des obligatorischen Parketts. Es existiert zudem kein Buchhalter, kein Sommelier, kein Chefkellner, kein Gastronom, keine richtige Kaffeemaschine – ja nicht einmal Thonetstühle. Dafür hält man bereits sechs Sorten Kaffee vorrätig, der allerdings in stapelbaren, riesigen Kantinentassen serviert wird.

Der provisorische Charakter des Kaffeehauses fällt auch dem jungen Wiener Fotografen Willi Andraschko auf, der 1979 auf der Suche nach einem Kellnerjob das *Einstein* betritt. Als alter Hase, was das Kaffeehaussitzen betrifft, ist er zutiefst

▲ Wilhelm Andraschko im *Café Einstein*.

irritiert und verwundert über Teppiche und Filterkaffee. So etwas gibt es nur in Berlin. Er beginnt, im *Einstein* zu arbeiten, und ist bald aus diesem sowie auch aus Uschis Leben nicht mehr wegzudenken. Als Erstes verschwindet unter seinem Einfluss der Teppich aus den Räumen der Villa. Schon bald gibt es zwölf Sorten Kaffee, eine professionelle Espressomaschine sowie eine neue Bar.

Betrachtet man Polaroidfotos aus der »Ära Bachauer-Andraschko-Gaebert«, erkennt man in ihnen jene eingefrorenen Augenblicke unbeschwerten Glückes, das ein Leben bringt, in dem Privates und Beruf eine perfekte Symbiose eingehen. Willi Andraschko ist heute, nebenbei erwähnt, Besitzer seiner eigenen Kaffeerösterei in Berlin und beliefert unter anderem sein ehemaliges Zuhause, das *Café Einstein*, exklusiv mit den frisch gerösteten Kaffeebohnen.

Der Erfolg des selbsternannten Nachfolgers des *Romanischen Cafés* ist bald so außerordentlich, dass die Abzahlung des Kredites an die Banken schon wenige Monate nach der Eröffnung beginnen kann. Zeitgleich löst sich die Gründungscrew auf: Zuerst gehen Johannes Kohlrusch und Peter Brunsch, wobei Letzterer sich in diesem Zusammenhang offenkundig äußerst ungerecht behandelt fühlt, denn er sollte später schreiben:

»Die Bachauerin mobbte alle anderen Gesellschafter aus dem Prozess und war am Ende so dilettantisch, megaloman und süchtig, wie sie als Kooptierte schon den Beginn behinderte. … Mir war die pseudointelligente Kifferszene immer suspekt, ich packte die Koffer und reüssierte auf den Seychellen.«[75]

Im Einzelnen soll nicht auf etwaige Grabenkämpfe unter den jeweiligen Betreibern des Kaffeehauses eingegangen werden. Fest steht, dass Trennungen wohl niemals ohne Leid und gekränkte Eitelkeiten verlaufen. So sei es hier für alle weiteren Erzählungen über die wechselnde Besatzung im *Einstein* abermals mit dem bereits zitierten Fontane gehalten, der den alten Briest bei einer schwierigen Frage sagen lässt: »Ach Luise, das ist ein weites Feld!«

▲ Jim Rakete an der Bar.

ZEHN THESEN ZUM KAFFEEHAUS VON 1982
(RÜCKSEITE EINER SPEISEKARTE)

Der Marmortisch ist sein steinernes Herz.

Steinerne Herzen, die ehedem in Prag und Wien schlugen, tun es jetzt in Berlin und New York.

Der Oberkellner als Regisseur der täglichen Inszenierungen des Publikums ist ausgestorben. Er teilt sein Grab mit dem Kammerdiener.

Die entkrampfende Wirkung des Apfelstrudels übertrifft für viele Menschen bereits die des Joints.

Die Friedensbewegung ist im Kaffeehaus entstanden, denn dieses erzwingt von vornherein den Gewaltverzicht der Streitenden.

Die Einrichtung des Hauses sind stets die Leute selbst. Daher kann sie nicht veralten.

Man kann das Kaffeehaus ohne Atomstrom betreiben. Die Bestückung mit römischen Öllampen würde ihm keinen Abbruch tun.

Wie das literarische Gespräch sind alle Performances im Kaffeehaus ohne Subvention möglich. Das verleiht auch Schuberts Kammermusik einen subversiven Charakter.

Mit dem Niedergang der äußeren Formen – unter denen eine Lasker-Schüler noch im Kaffeehaus Hof hielt – musste man rechnen. Der Wert des Cafés für das Bevölkerungswachstum hat darunter nicht gelitten.

Das Kaffeehaus ist ewig.

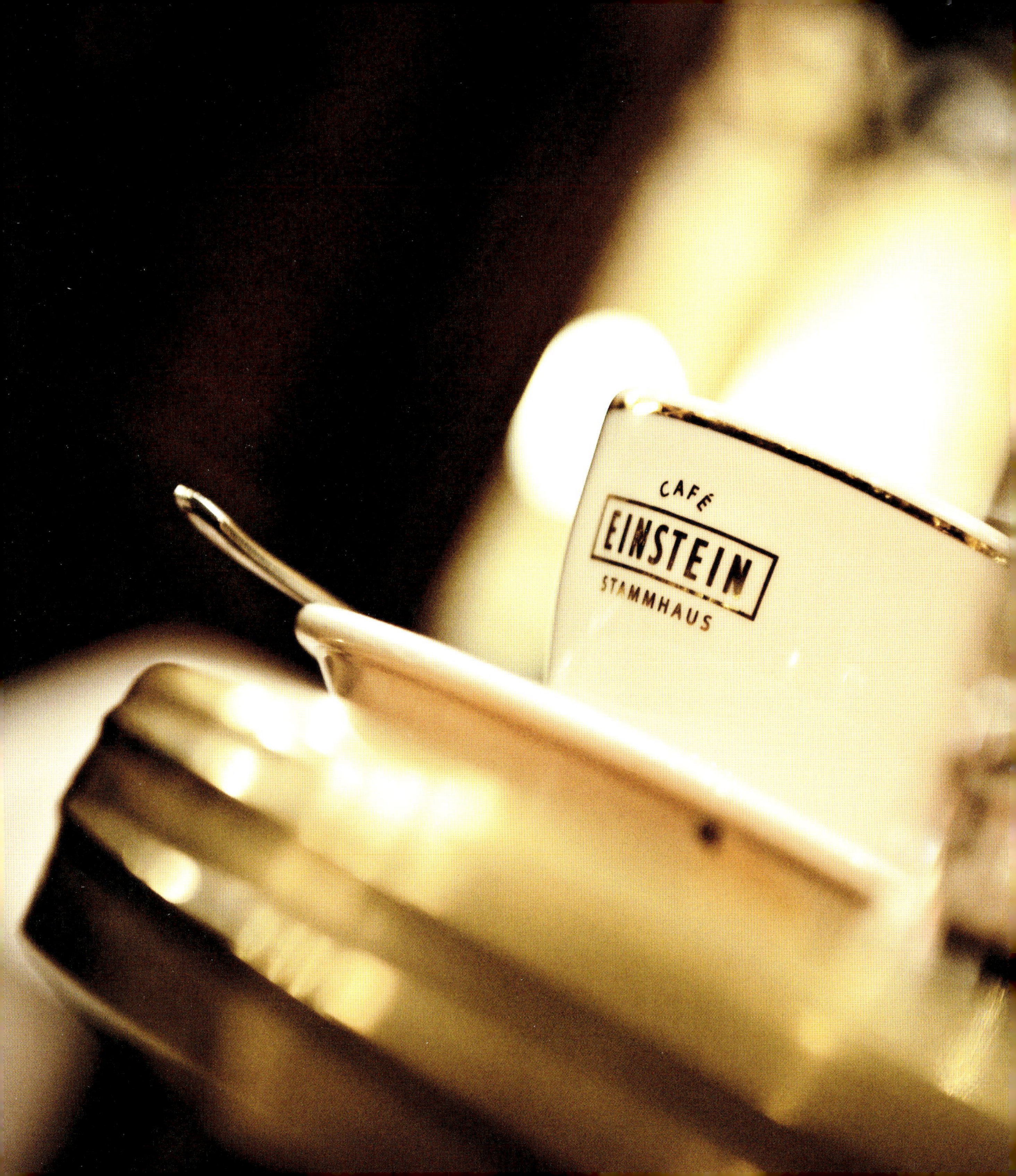
CAFÉ
EINSTEIN
STAMMHAUS

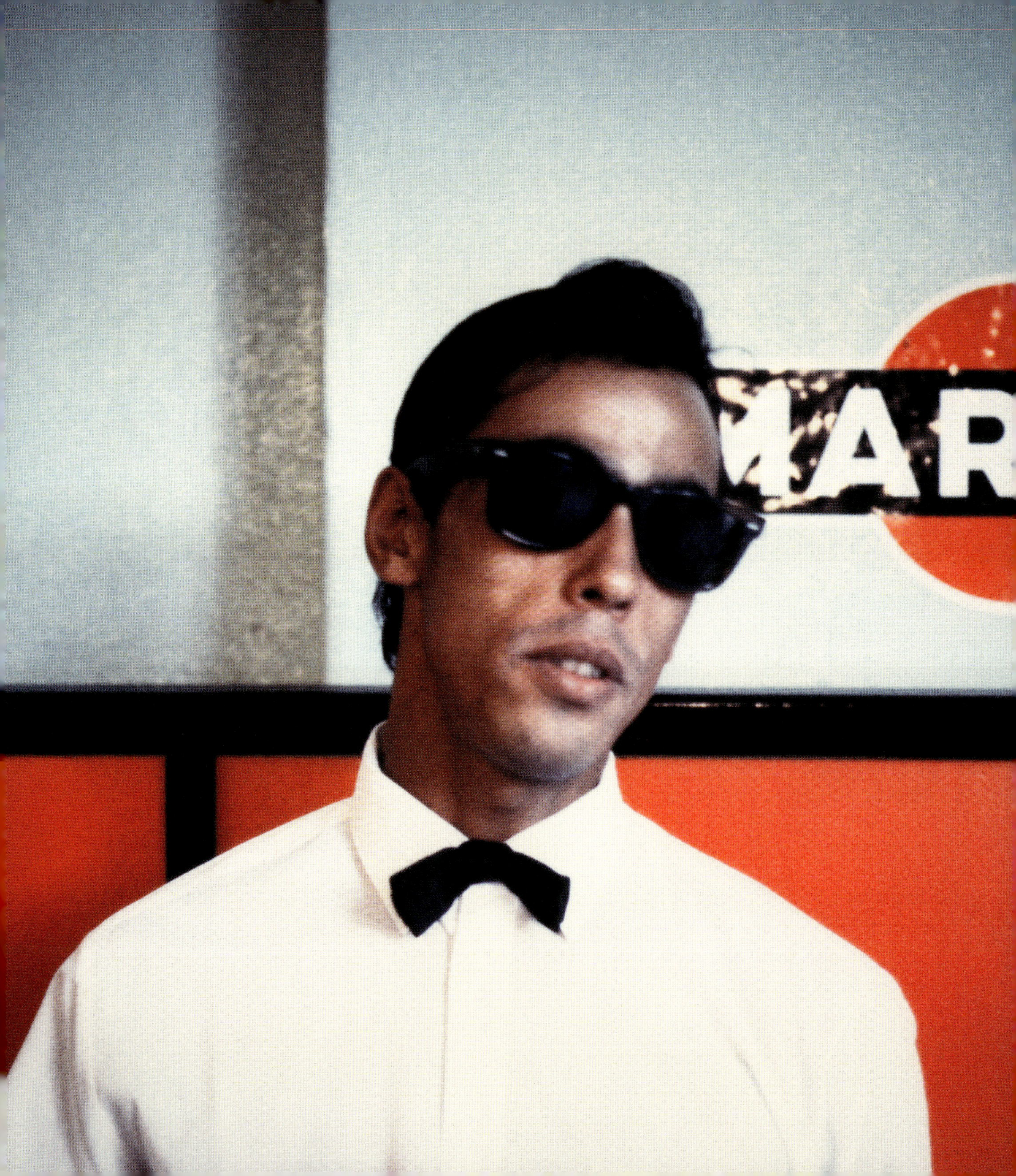
MAR

UNS VERBRENNT DIE NACHT ODER DIE AGONIE DER KUNST

Was nun tut die von Brunsch verlassene »pseudointelligente Kifferszene«, während dieser sich auf den Seychellen von seinem Ärger erholt? Nun, sie amüsiert sich weiter in ihrem Kaffeehaus: Im Keller finden Proben statt. Im Erdgeschoss und im ersten Stock wird Kunst gemacht, angesehen und gehört, Gedichte werden rezitiert, und auf bürgerliche Normen wird gepfiffen. Die Avantgarde trinkt und isst, und Happenings und epische Besäufnisse in der Mansarde, mit oder ohne Pyjama, sind ebenso häufig wie verbrannte Nächte, denen harte Morgen folgen.

Nach den Vernissagen in der DAAD-Galerie finden sich Künstler und Besucher an langen Tischen wieder und tafeln und feiern bis tief in die Nacht. Danach geht es oft in die nahe gelegene *Domino-Bar* oder eine Disco. Im Schatten der Mauer gibt es zahlreiche Freiheiten, so unter anderem die bereits erwähnte fehlende Sperrstunde; in jenen Berliner Nächten muss es ziemlich lustig zugegangen sein. Die Gebrüder Blattschuss widmen dem Thema 1978 übrigens ein Lied, das dieser Vorstellung Nahrung gibt – »Kreuzberger Nächte«.

In der Mansarde der Rossmann-Villa finden sowohl Künstler als auch Mitarbeiter nicht selten ihr Nachtlager. Bis zu vierzig Leute sind hier manchmal untergebracht, wie der rumänische Madrigalchor aus Bukarest.

Da also auch Künstler aus der DDR und Osteuropa im *Einstein* auftreten und feiern, gerät das Kaffeehaus in das Visier des Ministeriums für Staatssicherheit (MfS) der DDR. Dem MfS ist bekannt, dass der ausgebürgerte Wolf Biermann das Café als Plattform für seine DDR-kritischen Lieder nutzt. Mit Argwohn wird auf der einen Seite der Mauer registriert, wie sich auf der anderen Seite im *Café Einstein* der DDR-Bürgerrechtler Roland Jahn mit in der DDR akkreditierten Journalisten »westlicher« Medien trifft. Hier hat er auch Kontakt mit Diplomaten, die unkontrolliert in die DDR einreisen können, und oft wird Material für die DDR-Opposition übergeben. Das MfS versucht aus diesem Grunde, das ist heute bewiesen, das Kaffeehaus zu observieren. In den MfS-Akten findet sich der Plan,

◀ Abb. links: Kellner im *Café Einstein* (um 1990).

Abhöranlagen zu installieren: So sollen über das »Objekt Anlaufpunkt *Café ›Einstein‹*« Informationen über Öffnungs- und Schließzeiten, die Charakteristik des Publikums, eine Grundrissskizze und Informationen über Inhaber, Pächter und Namen der Gäste gesammelt werden.

Mehr als 1000 Veranstaltungen initiiert Uschi Bachauer bis Mitte der Achtzigerjahre. Sie arrangiert, plant und begleitet die Auftritte, betreut die Künstler und passt auf, dass alles reibungslos verläuft. Für die Crew und die auftretenden Künstler ist sie alles in einem: Mutter, Geliebte, Chefin, Muse, Kritikerin und Zerberus.

Ihre Belesenheit kommt jenen, die von ihr sprechen, sofort in den Sinn. Es sei »die Suche nach endgültiger Wahrhaftigkeit«, die sie angetrieben habe, sagt Willi Andraschko. Was sie auf dieser Suche findet, teilt sie den Gästen auf den Rückseiten der Veranstaltungsprogramme mit, die dort Aphorismen, Gedichte, Auszüge aus Romanen und philosophischen Essays finden.

An dieser Stelle seien einige künstlerische Höhepunkte im Kaffeehaus genannt, bei deren Aufzählung manchem Coffeshop-Gast von heute sehr schnell die Puste ausgehen würde:

Duo-Abend für Violoncello und Klavier, Percussionsoli, Kontrabass-Abende, Trommelgeflüster, experimentelles Tanztheater von Free To Fusion. Brian Eno & Nico treten auf und verursachen Warteschlangen am Einlass bis in die Einemstraße. Georgette Dee gibt hier ihr Debüt. Die Erlebnisgeiger sorgen immer wieder für volle Reihen, ebenso Stefan Bevier mit »Tränenregen«, Passagen aus Schuberts *Schöne Müllerin*, der *Winterreise* und Schumanns *Dichterliebe*.

Der Schriftsteller Edgar Hilsenrath liest, Hans Werner Olm erzählt, die Bläser der Wiener Philharmoniker geben ein Gastspiel. Im Kaffeehaus: Werke von Strauss, Rossini und Françaix. Zum Montagabend-Salon gibt es »Hummel-Arabesque« für Gitarre, Cello und Schlagzeug, Silvester 1978 bietet das Programm die maskierte holländische Theatergruppe Dogtroep, die es sich zur Aufgabe macht, unter Einbeziehung der Gäste das *Einstein* in ein Labyrinth skurriler Ideen zu verwandeln. Die Gruppe Dagol, Künstler eines Skulpturen- und Straßentheaters, tritt auf. Das Café ist bis auf den letzten Platz gefüllt – wortlos demonstrieren die schwarz gekleideten Gestalten Ironien über deutsche Kleinbürgeridylle mit Gießkanne, Sonnenschirm und Zeitungslektüre. 1981 wird die Literaturtalkshow *Das Literarische Café* vom

SFB erstmalig live aus dem *Einstein* übertragen. Marcel Reich-Ranicki sollte sich fortan viele Jahre mit den Größen deutscher Gegenwartsliteratur an diesem Ort zusammenfinden.

Uschi identifiziert sich vollkommen mit »ihrem« Haus der Kultur, was aber auch bedeutet, dass die Gäste nicht aus der Rolle fallen dürfen. Legt einer von ihnen seinen Mantel über einen Stuhl, rügt sie sofort und verweist mahnend auf die Garderobenständer. Auch während der Auftritte herrscht ein strenges Regiment. Um die Musiker, Schauspieler oder Literaten bei den Auftritten vor profanen Geräuschen wie Tellergeklapper, Türenschlagen oder Gesprächen zu bewahren, darf während der Veranstaltungen nicht serviert werden. Der Beginn der Veranstaltungen ist um 20 Uhr – dann haben Messer und Gabel zu schweigen, und die schweren Türen, die den Barraum vom Saal trennen, werden geschlossen und bleiben es, bis das jeweilige Event beendet ist. Tuschelnde Gäste werden zur Räson gerufen.

◀ Erlebnisgeigerplakat von Johannes Grützke (Detail).

▲ Der Regisseur Wolfgang Becker (*Good Bye, Lenin!*) im *Café Einstein*, Porträt von Jim Rakete.

Im *Einstein* läuft »nie einfach nur Musik, alles war besonders«, erzählen Stammgäste von damals. Und so hält Uschi den Schlüssel für den Steinway-Flügel fest unter Verschluss: Klavierspiel nebenbei, wie es in der Kaffeehaustradition eigentlich verankert ist, gibt es unter ihrer Regie nicht. »Da war sie ganz streng«, sagt der Kellner Felix Spielbichler, »nur ein rumänischer Pianist hat da die Regel gebrochen, der Jazzpianist Johnny Raducanu, der durfte sich einfach so hinsetzen und spielen, aber er war wirklich der Einzige. Sessions hat sie nicht zugelassen. Selbst wenn einer von den Philharmonikern zu Gast war und Lust hatte, Musik zu machen, hat sie den Schlüssel nicht rausgerückt.«

Die Veranstaltungen sind, auch angesichts der wachsenden kulturellen Vielfalt im Westberlin der Achtzigerjahre, nicht mehr so gut besucht wie in den ersten Jahren. Stimmen kritischer Gäste werden ob des Drills im Dienste der Kunst geweckt. Auch die Zeitungskritiker können mehr oder weniger leise Ironie nicht verbergen, wenn sie an diejenigen denken, die doch einfach nur etwas essen wollten. Über eine Veranstaltung im *Einstein* schreibt ein Redakteur der *Berliner Morgenpost*: »Aber was ist das? … Auf der Bühne ein Caféhaustisch mit Stühlen. Eine Rose blüht angestrengt in Cola-Sud. Gitarre, Sonnenbrille, Buch – das sind die einzigen Requisiten. … Man wird ins Chicago des Jahres 1965 zurückversetzt. Der Poet verliest ein schwülstig-kriminalistisches Beatnik-Werk. Der Mit-Gast am Caféhaustisch nörgelt. Man diskutiert, ob Kunst länger als siebeneinhalb Minuten dauern dürfe.«

Willi Andraschko, seit 1987 Teilhaber im *Einstein*, erkennt mehr und mehr, dass der künstlerische Betrieb in seiner bisherigen Form unter gastronomischen Gesichtspunkten nicht mehr aufrechtzuerhalten ist:

»Der Gast aus New York, der mit dem letzten Flieger gelandet ist und hungrig zu uns kommt – soll ich dem sagen, er muss noch zwei Stunden warten, bis er was zu essen bekommen kann, weil da nebenan eine schlecht besuchte Veranstaltung läuft? Nein. Das hat nicht mehr gepasst. In erster Linie ist das *Einstein* ein Kaffeehaus.«

Das wird es dann auch wieder. Der Kulturbetrieb wird gedrosselt. Politiker und Geschäftsleute entdecken die restaurierte Bibliothek – vorher Abstellkammer, Musik- und ganz früher Damenzimmer – als Ort für Besprechungen und kleine Soireen und Abendessen. Während der Messen wie der Internationalen Tourismusbörse, der Grünen Woche oder auch der Internationalen Funkausstellung wird das *Einstein* zum zentralen Anlaufpunkt. Der Name steht für Qualität, und prominente Kulturschaffende entdecken diesen Ort immer mehr für sich. Einen entscheidenden Anteil an dieser Entwicklung haben die Berliner Filmfestspiele. Am ersten Sonntag während dieses Reigens der Filmprominenz etabliert sich ein Frühstück im Kaffeehaus, bei dem sich Schauspieler, Regisseure, Filmstiftungen und Verleihe bis heute treffen.

Elf Jahre existiert das *Café Einstein*, als die politische Wende und mit ihr der Fall der Berliner Mauer einen vollkommenen Paradigmenwechsel, auch auf kulturellem Sektor, einleitet. Die Kurfürstenstraße liegt wieder in der Mitte Berlins. Die Ess- und Trinkkultur der beschaulichen »Insel« Westberlin wird geradezu revolutioniert. Restaurants, Kneipen und Bars, die noch vor kurzer Zeit unerreichbarer zu sein schienen als jene auf Mallorca oder Teneriffa, liegen plötzlich in unmittelbarer Nachbarschaft. Von einem Tag auf den anderen ist das Abenteuer möglich, über holpriges Kopfsteinpflaster mit dem Auto nach Paretz zu fahren, um dort, wo einst Preußens Ikone, Königin Luise, ihre Sommer verbrachte, in einem Dorfgasthof, der so ganz anders riecht als jedes Café in Westberlin, Spargel mit neuen Kartoffeln zu bestellen. Der Albtraum dessen, was in der DDR unter einem »Gemischten Salat« verstanden wurde, lässt sich durch jene kollektive Hochstimmung überleben, die 1989 alle erfasst.

Ostberlin ist hip. Aus dem Nichts entstehen Klubs, Cafés und Bars, die von heute auf morgen wieder verschwinden, um in Kellern und staubigen Ruinen wieder aufzuerstehen. Für das *Café Einstein* sind die vielen neuen Gastronomiebetriebe keine Konkurrenz, denn es existiert außerhalb von Trends. Mit jeder Erwähnung in internationalen Reiseführern wird es bekannter und perfekter.

So kommen viele Prominente aus aller Welt auch außerhalb von Premierenpartys und offiziellen Empfängen an diesen Ort, um in Ruhe zu essen oder ihren Kaffee zu trinken. Hier ist es selbstverständlich, dass niemand aufdringlich auf sie zustürmt, um nach einem Autogramm zu fragen. Kein größerer Regisseur oder Schauspieler des deutschen Films, der dort noch nicht sein Schnitzel verspeist hätte. Hier traf und trifft man Designer wie Vivienne Westwood, Jean Paul Gaultier und Wolfgang Joop, den Literaturkritiker Marcel Reich-Ranicki, Regisseure wie Rainer Werner Fassbinder und Jean-Luc Godard, Mario Adorf, Hannelore Elsner, Yoko Ono, Falco und Isabelle Adjani, Angela Merkel, Otto Schily, Joschka Fischer, Keira

Knightley, David Bowie, Brad Pitt und Michelle Pfeiffer, Heinz Berggruen und Quentin Tarantino. Natürlich gibt es noch eine Reihe anderer Lokale, wo »man« sich in Berlin trifft, von diesen aber schreibt vielleicht ein anderer.

Auch im *Einstein* ist die Wende eine Zeit des Um- und Aufbruchs. Karin Gaebert verkauft ihre Anteile 1992, und Uschi Bachauer gründet gemeinsam mit Willi Andraschko und dem Künstler Gerald Uhlig 1995 das eigenständige *Einstein Unter den Linden*. Die Pläne werden größer, hochfliegender. Willi Andraschko und andere gründen eine Firmengruppe, um die divergierenden Geschäftsfelder zu bündeln. Das gemütliche Wiener Kaffeehaus des »Sozialpädagogen-Kultursyndikats« wird über Nacht eine expansionsorientierte Coffeeshop-Kette.

Unternehmensbiografien lesen sich häufig ähnlich wie die von Menschen, so auch in diesem Falle: Die in 1-A-Lagen deutscher Großstädte aus dem Boden sprießenden Einstein-Coffeeshops sollen, sehr ambitioniert, der von amerikanischen Ketten dominierten Kaffeebeliebigkeit echte Qualität entgegensetzen, sind allerdings chronisch unterkapitalisiert und führen das Unternehmenskonglomerat mit Verve in die Krise. Im Stammhaus wird bald an allen Ecken gespart, doch können die Tageseinnahmen nicht einmal notdürftig jene Löcher stopfen, die vom stetigen Kapitalbedarf des immer noch überhitzt expandierenden Konzerns generiert werden. Investitionsstau und Überschuldung machen dem *Einstein* zu schaffen. Das im Stammhaus erwirtschaftete Geld versickert andernorts in atemberaubendem Tempo. Bald steht die Gruppe vor dem finanziellen Aus.

Fügung des Schicksals oder glücklicher Zufall? Der damalige Geschäftsführer des *Café Einstein* in der Kurfürstenstraße bezieht 2003 eine neue Wohnung, sein Vermieter heißt Philipp Hasse-Pratje. Nach abgeschlossenem BWL-Studium in Vallendar und darauffolgenden Firmengründungen ist dieser nach Berlin gezogen, hat ein Mietshaus nahe der Spree erworben und sanieren lassen. Sein neuer Mieter erzählt vom *Einstein* und nimmt ihn mit dorthin.

So sitzt der junge Mann an seinem ersten Abend in seiner künftigen Kaffeehausheimat im Garten mit mediterranem Flair und freut sich auf das obligatorische Schnitzel, als ihn der Geschäftsführer des Hauses fragt, ob er nicht in das Unternehmen »einsteigen« wolle. Wie Uschi im Jahr 1978 spürt auch Philipp Hasse-Pratje augenblicklich das Charisma der alten Villa und begeistert sich für die Idee, dort zu bleiben. Nach vielen Ereignissen, die unter Fontanes Luise-

▶ Abb. rechts: Die Künstlerin Romy Haag im *Café Einstein*, Porträt von Jim Rakete.

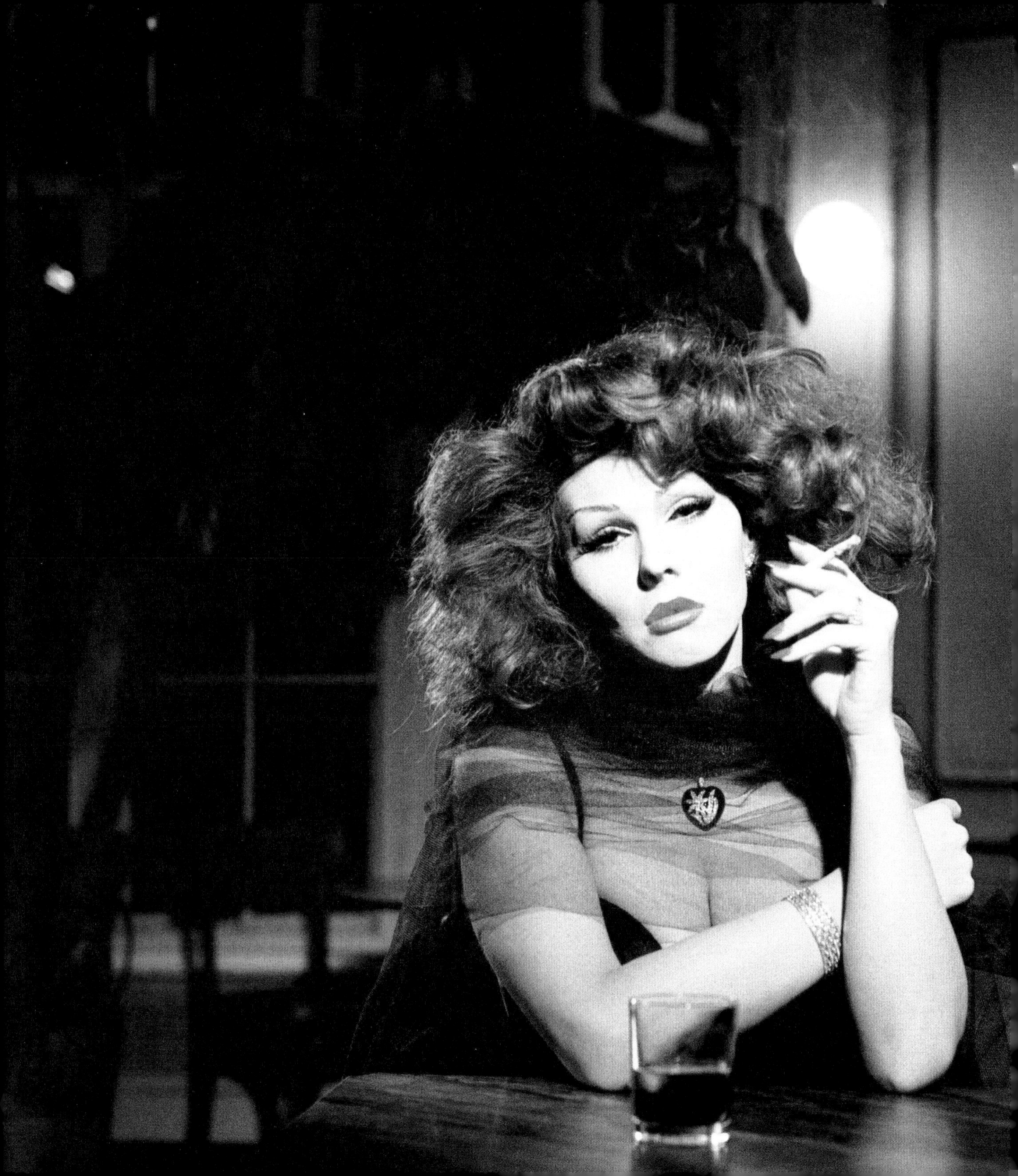

▶ Der Inhaber des *Café Einstein*:
Philipp Hasse-Pratje.

Diktum verbucht werden sollen, wird Philipp Hasse-Pratje alleiniger Inhaber des Kaffeehauses, das er – losgelöst von den übrigen Teilen der Firmengruppe – wieder auf Kurs bringt. Ein Kellner erinnert sich: »Wir hatten ja zum Teil unsere Gehälter erst Monate später bekommen. Philipp hat wieder Ordnung reingebracht. Ohne ihn gäbe es das *Einstein* vielleicht nicht mehr.«

Kurz nach der Geschäftsübernahme durch den neuen Inhaber titelt die *Berliner Zeitung*: »Der junge Herr und das alte Caféhaus«. Und in der Tat: Treffender kann man es nicht formulieren. Denn während das Haus auf eine lange Geschichte zurückblickt, ist der heutige Inhaber und Geschäftsführer des *Einstein* mit seinen 32 Jahren noch ziemlich jung.

Er verkörpert keineswegs den typischen Gastronomen, der breithüftig hinter der Theke steht. Er ist weder Wiener noch Berliner, sondern seine Heimat ist, wie er sagt, »die tiefste niedersächsische Provinz«. Von schlanker Gestalt ist er, und er trägt ein flippiges Hemd unter seinem perfekt sitzenden Maßanzug. Der Betriebswirt sieht eher aus wie ein junger Bohemien oder vielleicht ein Künstler, denn in seinem Blick liegt ein visionärer Idealismus und der Wille, Ideen zu verwirklichen. »Es ist eine große Ehre und ein großes Glück, aber auch eine große Verantwortung, das *Café Einstein* zu führen. Das weiß ich wohl«, sagt er mit viel Respekt.

Unter seiner Ägide findet als Erstes eine schrittweise Sanierung des gesamten Gebäudes statt. Küche und Kellerbereich werden komplett erneuert, eine eigene Backstube entsteht, die Brotauswahl wird fortan selbst gebacken, und Konditoren kümmern sich um die hausgemachten Kuchen, Tartes und Pralinen. Die Qualität der Speisen und Weine ist, ebenso wie der gute Zustand des Hauses, von zentraler Bedeutung für Hasse-Pratje: »Was unseren selbst vorgegebenen hohen Standard angeht, machen wir keine Kompromisse. Wenn ich die Wahl habe, etwas halb oder richtig zu machen, muss ich es richtig machen«, sagt der junge Mann. Auf die Frage, ob sich das rechnet, meint er verschmitzt: »Im Gegensatz zu ähnlichen Unternehmen muss ich keine Aktionäre oder Anteilseigner befriedigen. Ich kann mich auf das konzentrieren, was das *Einstein* wirklich gut kann. Das rentiert sich nachhaltig durch zufriedene Gäste, die wiederkommen. Die Gewinne kann ich reinvestieren und Neues schaffen.«

Schonend erneuert er dabei und passt zum Beispiel den Aufbau der Speisekarte immer wieder behutsam an, doch lässt er die Stammgerichte unangetastet, und so

▲ Der Architekt Philipp Johnson († 2005) im *Café Einstein*, Porträt von Jim Rakete.

gilt auch heute noch das Wiener Schnitzel des *Café Einstein* zu Recht als eines der Besten der Stadt. Bei den wechselnden Gerichten gibt es regelmäßig Innovationen, darüber hinaus auch mehrgängige Menüs, eine rundum neu geordnete Weinkarte und selbstverständlich ein offenes Ohr für Extrawünsche.

Was ihn am *Einstein* gefangen genommen hat? Hasse-Pratje sagt, es sei vom ersten Augenblick an die unglaublich schöne Atmosphäre gewesen, er habe sofort gefühlt, dass dieses Haus ein singulärer Ort mit Nimbus ist. Zudem ist sein *Einstein* »ein wirklich gutes Wiener Kaffeehaus. Es hat also so gesehen mit Berlin nichts zu tun. Andererseits wäre dieses Café, so wie es ist, in einer beliebigen anderen deutschen Stadt undenkbar, und deshalb ist es eben doch typisch für Berlin, jener Stadt in der so viele verschiedene Stile, Menschen und Kulturen nebeneinander existieren können.«

Nach einer Pause fährt er fort: »Wir greifen – auch im Hinblick auf die besondere Historie des Hauses – die Tradition des *Romanischen Cafés* oder des *Cafés des Westens* auf, und so bieten wir unter dem Markennamen *Café des Westens* auch eine exklusive Produktreihe hochwertiger Konditoreiartikel an – gleichsam als Hommage an das alte Berliner Künstlercafé.«

Philipp Hasse-Pratje hat Uschi Bachauer einige Male auf Ibiza besucht, bevor sie verstarb, und mit ihr Freundschaft geschlossen. Gemeinsamkeiten gab es trotz unterschiedlicher Lebensalter; gerade Literatur und Natur haben es beiden angetan. So pflegt er ihr Erbe mit großem Respekt, was ihm auch die Anerkennung der alten *Einstein*-Besucher und der ehemaligen Betreiber sichert.

Viele der Kellnerinnen und Kellner sind schon erstaunlich lange dabei und identifizieren sich vollkommen mit ihrem Kaffeehaus. Ohne das perfekt eingespielte Team in Küche, Service und den Büros unter dem Dach gäbe es kein Kaffeehaus mit Weltgeltung. »Welcher Gast möchte schon bei jedem Besuch eine gänzlich fremde Mannschaft vorfinden? Ich schätze es sehr, wenn mich ein Kellner wiedererkennt und noch weiß, was ich beim letzten Besuch hatte. Das ist doch das Schöne an einer langen Beziehung: Man weiß, was der andere mag«, sagt Hasse-Pratje. Dabei gilt es, »nicht vorgeben zu wollen, was man nicht ist« – das war auch Uschi Bachauers Credo. Übertragen auf das Café bedeutet das, sich nicht als Sternerestaurant auszugeben, sondern den Kaffeehauscharakter zu erhalten. »Denn wir sind und bleiben ein Kaffeehaus.«

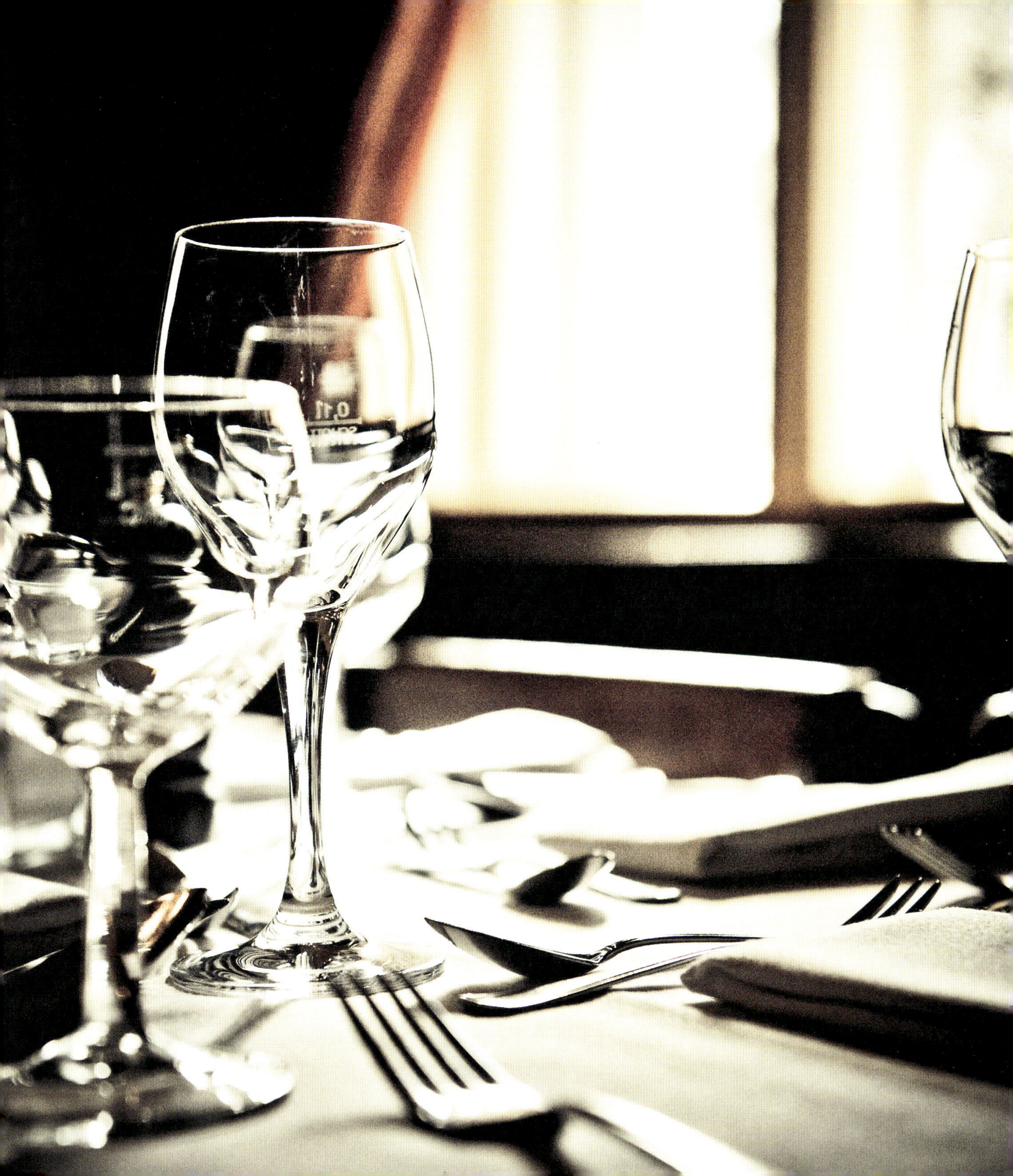

EST. 2006
The Bitter Truth
FRIDAY, DECEMBER 5, 2008
Repeal Bitters
Genuine
PEYCHAUD'S
AROMATIC COCKTAIL BITTERS
DIPLOMA OF HONOR
AWARDED AT
GOLD MEDAL
PRODUCED FROM
THE ORIGINAL FORMULA FOR
L. E. JUNG AND WOLFF CO.
35% ALCOHOL BY VOLUME
CONTENTS 5 FL. OZS. (148 ml)
EST. 2006
The Bitter Truth
Orange Bitters
Cocktail Flavoring
Genuine
ANGOSTURA
AROMATIC BITTERS
100 ml

DIE BAR LEBENSSTERN

»Sie wünschen Gordon's Gin mit Tonic? Welchen Gordon's und welches unserer fünf Tonicwater?«

Nachdem die DAAD-Galerie den ersten Stock des Hauses im Jahr 2006 verlassen hat, ergreift Hasse-Pratje die Gelegenheit und mietet die komplette Etage dazu. »Zuerst war ich einfach nur froh über die neu erschlossenen Veranstaltungsräume, doch dann haben wir hinter den herausgerissenen Galeriewänden auch noch herrliche Holzvertäfelungen gefunden. Ziemlich schnell war klar: Hier gab es einmal ein richtiges Herrenzimmer mit Bar.« Hasse-Pratje lächelt und steckt sich eine Zigarette an: »Ich wusste sofort: Hier muss wieder gefeiert werden! Mit Geist, Geschmack und Kultur.«

Daraufhin entwirft er mit der Bar *Lebensstern* einen Rückzugsraum sowohl für diejenigen, die in Ruhe eine Zigarre rauchen möchten, während sie in schweren Klubsesseln bei einem guten Rum versinken, als auch für diejenigen, die die Nacht zum Tage machen wollen. In den neu geschaffenen Veranstaltungsräumen, der Klavieretage, leben Kunst und Kultur wieder auf. Wer es lieber etwas diskreter hat, zieht sich in die Bibliothek im hintersten Raum zurück, die einmal ein Ankleidezimmer war, vielleicht sogar, wie der Mythos besagt, das der Hausheiligen Henny Porten.

Die alten Holzvertäfelungen des Barraumes sind heute originalgetreu restauriert und um fehlende Abschnitte ergänzt, eine eigens vom Inhaber bepflanzte Terrasse mit Blick auf den Garten ist im Sommer die Attraktion der Bar.

Mit seinem seltsamen Namen will der *Lebensstern* nicht etwa daran erinnern, dass Barmänner oft die besten Ratgeber ihrer Gäste sind; im Familienunternehmen Schwering & Hasse wurden tatsächlich bis in die Achtzigerjahre hinein Zigarren der gleichnamigen Marke produziert. So ist die Bar zugleich auch eine Widmung an Hasse-Pratjes zu früh verstorbenen Vater.

▼ Zigarrenkiste der Marke Lebensstern (Detail).

Atmosphärisch lässt der *Lebensstern* sofort an die legendären Bars der Zwanzigerjahre denken. Betritt man die Räumlichkeiten mit dem obligatorischen Henny-Porten-Porträt und Legionen glitzernder Flaschen in erleuchteten Vitrinen, ist es ein bisschen, als habe man eine Zeitreise in die Vergangenheit gewagt. Vorrätig sind mindestens 600 Sorten Rum und über 150 Sorten Gin. Für die beiden Spirituosen bedeuten diese Zahlen, dass sich wohl nirgendwo auf der Welt mehr der berauschenden Getränke versammeln als im ersten Stock der Rossmann-Villa. Was den Rum betrifft, hat sogar Großbritanniens offizieller Rum-Botschafter Ian Burrell dies bestätigt.[76]

Die Namen der Rum- und Ginsorten auf den Etiketten der bunten Flaschen lesen sich denn auch wie eine Enzyklopädie – angefangen bei A wie Aviation bis Z wie Zuidam findet sich alles für den passionierten Gaumen.

▲ Cover von Munkepunkes Cocktail- und Bowlenbuch (1929), illustriert von Jeanne Mammen.

Ginologie

»Auch so etwas muss man die Kinder lehren:
Gin wird gemacht aus Wacholderbeeren.
Dry Gin überhaupt keinen Zucker kennt,
Old Tom Gin dagegen Zuckerprozent.
Sloe Gin ist gewürzt mit Schlehensaft.
Genever entnimmt dem Korn seine Kraft.«

aus: Alfred Richard Meyer, Des Herrn Munkepunkes Cocktail- und Bowlenbuch (1929)

Im Bestand finden sich auch Gin- und Rum-Juwelen mit einer besonderen Geschichte; zum Beispiel ein Booth's High and Dry Gin, der nur im krisengeschüttelten Simbabwe erhältlich ist und eigenhändig vom reiselustigen Hasse-Pratje dort erstanden wurde. Daneben ein Rum, den man einst Rommels Afrikakorps ausschenkte. Ein weiterer edler Tropfen, ein Booth's House of Lords, stammt aus dem Jahre 1927.

Man arbeitet mit sechs verschiedenen Sorten Minze und vier Sorten Basilikum, darunter auch das seltene rote Basilikum, um eine Reihe exzellenter klassischer und moderner Drinks zuzubereiten. Wie viel eine Flasche des teuersten vorrätigen Rums kostet, frage ich. »Zu wenig«, antwortet mir der Mann hinter der Bar lächelnd, zuvorkommend und diskret. Hemingway hätte es hier sicherlich gefallen, und er hätte gleich einen Mojito auf Henny Portens Wohl getrunken.

Der Regisseur Quentin Tarantino, unvergesslich durch Filme wie *Pulp Fiction* oder *Kill Bill,* besucht das *Einstein* und den *Lebensstern,* wenn er in Berlin weilt. Weil auch er dem Charisma des Hauses verfallen ist, hat er es zu einem Drehort seines Filmes *Inglourious Basterds* gemacht und in ein französisches Kaffeehaus der Vierzigerjahre verwandelt. Männer in SS-Uniformen gehen in der ehemaligen Villa der jüdischen Familie Blumenfeld ein und aus. Heute sind es allerdings nur noch Schauspieler, keine Schurken. Nach den Dreharbeiten genehmigt sich Tarantino einen Drink im *Lebensstern* und verewigt sich noch autogrammatisch mit einer Hommage auf Bar und Crew, dann trägt ihn die Dämmerung hinaus, und ein neuer Tag beginnt im *Café Einstein.*

◂ Der Regisseur Quentin Tarantino, Porträt von Jim Rakete. Als er das *Café Einstein* für seinen Film *Inglourious Basterds* in die Vierzigerjahre zurückversetzte, konnte er nicht wissen, wie gut die Geschichte des Hauses zu dieser cinematografischen Zeitreise passte.

HINAUS AUS DEM KAFFEEHAUS ODER DER BESUCH IM ATELIER

▶ Abb. rechts: Der Maler Johannes Grützke.

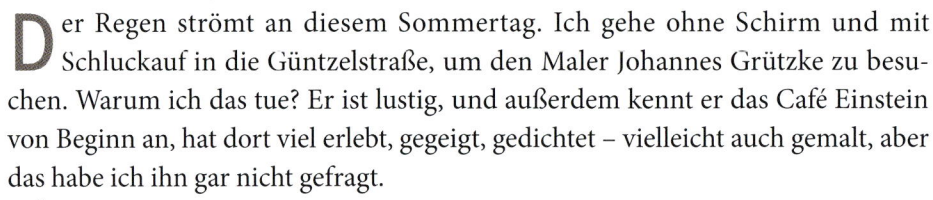

Der Regen strömt an diesem Sommertag. Ich gehe ohne Schirm und mit Schluckauf in die Güntzelstraße, um den Maler Johannes Grützke zu besuchen. Warum ich das tue? Er ist lustig, und außerdem kennt er das Café Einstein von Beginn an, hat dort viel erlebt, gegeigt, gedichtet – vielleicht auch gemalt, aber das habe ich ihn gar nicht gefragt.

Über der Tür vom zweiten großen Gastraum zur Bibliothek ist eine von ihm gestaltete Supraporte angebracht. Das muss reichen. Uschi Bachauer hatte sich in das Relief verliebt und es gekauft. Außerdem passte es genau über die Tür. Vielleicht hat sie sich auch ein wenig in den Maler verliebt, denn sie hat ihn oft in seinem Atelier besucht.

Ich klingle beim Maler und steige fünf Stockwerke hinauf direkt in den Himmel der neuen Prächtigkeit. Der Maler öffnet die Tür und sieht aus wie immer: agil, vital, viril, etwas listig. Das Ganze vollkommen in weiß – Turnschuhe, T-Shirt, Hose – weiß.

Er nimmt mich mit in das beeindruckende Atelier, das viele Jahrzehnte Malerleben beinhaltet. Es duftet nach Ölfarbe. Ich atme. Der Raum beherbergt ein Heer von Pinseln, Farbtöpfen und leicht angestaubten, vielfach porträtierten Kuriositäten. Ein ausgestopfter Pavian streckt mir sein überdimensionales rosageschwollenes Hinterteil in obszöner Selbstverständlichkeit entgegen, eine große Staffelei, die einmal dem berühmten Maler Anton von Werner gehörte, steht in der Ecke dieses hohen, hellen und sicherlich an Sonnentagen von Licht durchfluteten Ortes. Ein großformatiges neues Bild, das gerade entsteht, bildet das heimliche Zentrum. »Ein Frauenbild«, sagt der Maler. Ein pralles nacktes Weib liegt vor einer ganzen Reihe angezogener Damen auf dem Esstisch – ganz wie ein Opferlamm. Ob es eine Abendmahldarstellung ist? Alles an diesem Ort folgt einer mir nicht bekannten Ordnung – das Atelier ist eine eigene Welt.

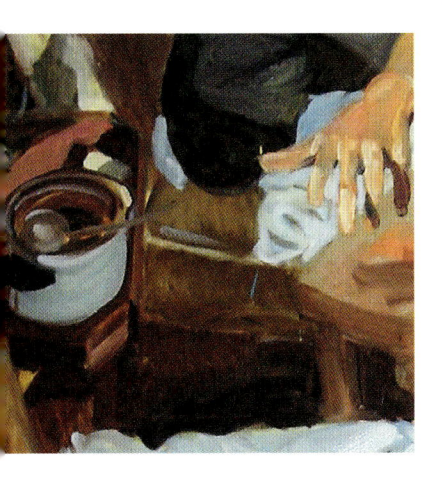

▲ Der Mokkatopf (Detail aus einem Gemälde von Johannes Grützke).

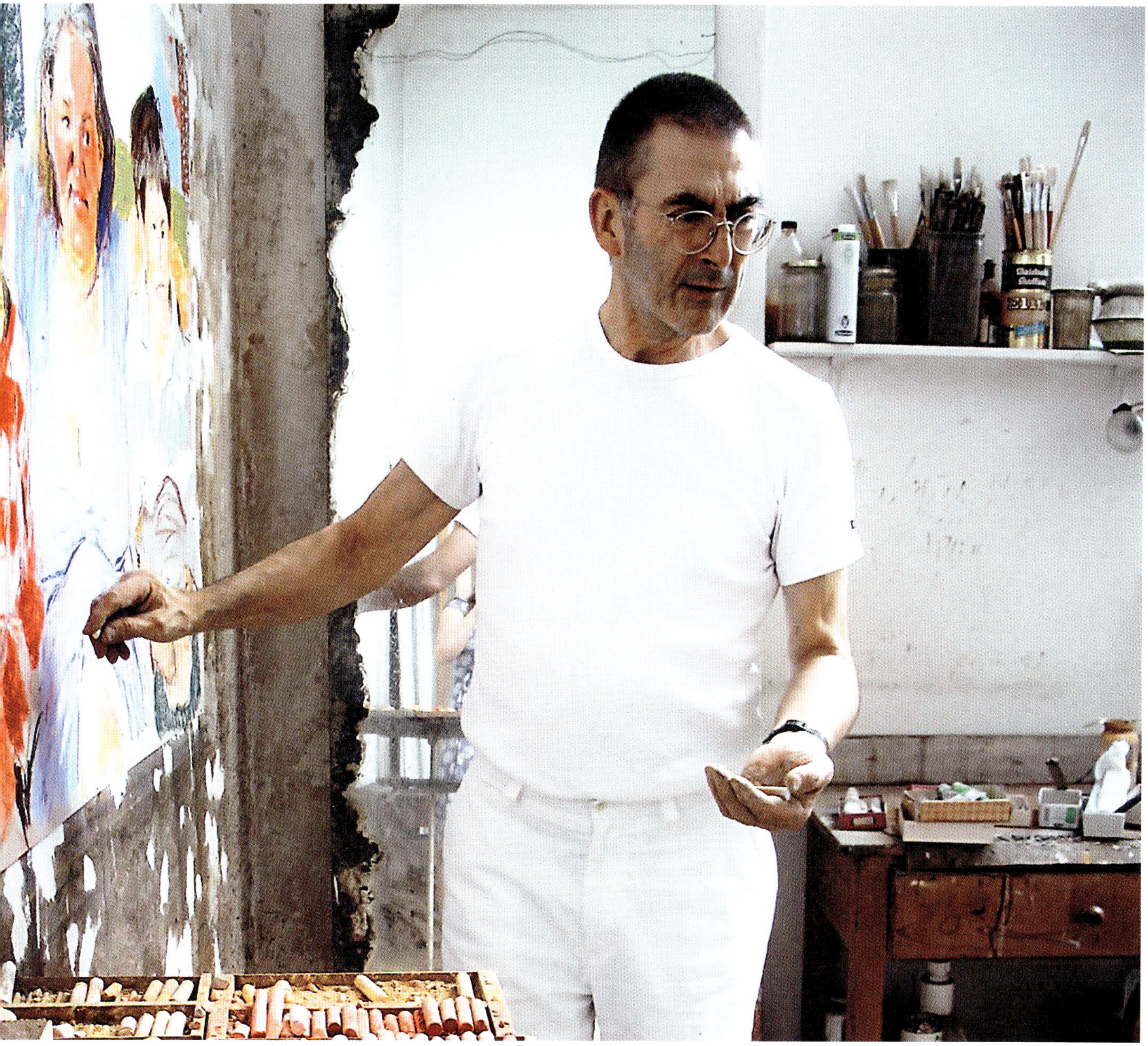

Auch fern des Kaffeehauses geht es wieder um Kaffee und Café. Und zwar nicht nur in unserem Gespräch, denn der Maler bietet mir einen Kaffee an – genauer einen türkischen Mokka aus dem Topf – ja, aus *dem* Topf, der ebenfalls fester Bestandteil dieses Elysiums ist, in das ich eintreten durfte.

Irgendwie habe ich Angst vor dem Inhalt des Topfes – diesem sich darin befindlichen schwarzen Gebräu. Vielleicht hatte ich während der letzten Wochen aber auch einfach genug Kaffee. Ich lehne also ab und spreche mich lieber für die offene Flasche Gesichtswein aus, die direkt neben dem Topf steht. Dieser Wein hat seinen merkwürdigen Namen, weil auf dem Etikett der Flasche ein Selbstporträt des Malers abgebildet ist.

Wir sprechen miteinander. Fast hätte ich darüber vergessen, warum ich herkam, nämlich um etwas über die Beziehung des Malers zum *Café Einstein* zu erfahren. Also frage ich und höre zu. Grützke erwähnt irgendwie immer etwas, das ich nicht erwartet habe. So stellt er unter anderem fest: »Das *Einstein* unterscheidet sich zum Beispiel von Straßencafés, weil man hier Treppen hinaufgehen muss.«

Dass die Küche von Anfang an gut war, darin ist sich Johannes Grützke mit seinem Erlebnisgeiger-Kollegen und Dichterfreund Tilmann Lehnert einig:

»Es ist einfach was Schönes gewesen, eine Verbindung einzugehen zu einem tollen Ort mit guter Speisekarte, guten Schnäpsen und Kaffee und einem guten Kulturprogramm. Auf diesem Niveau gab es in Berlin ja nichts dergleichen.«

So saßen und sitzen die beiden also oft im *Café Einstein* und bohren mit ihren Gedichten im Dasein. Programmankündigungen lesen sich folgendermaßen:

»*Johannes Grützke presents*

Erlebnisgeiger und Klavier und Gesang geben ein ›einmaliges Aushilfskonzert‹ für das in Schönefeld (oder Tegel, nobody knows) wohl für immer wegen Gemüseimports verschollene und staatlich sistierte ›Caribbean Fuck and Drug Orchestra‹. Zugleich ein Benefiz für die ›Hilfsgeiger in aller Welt‹ … An den Geigen machen sich zu schaffen: Johannes Grützke und Wolfgang Gräfe; am Klavier: Tilmann Lehnert; stimmlich: Madalena Leal de Faria.«

Wolfgang Gräfe lebt nicht mehr – die anderen Erlebnisgeiger treten nach wie vor unter anderem im *Einstein* auf.

Am schönsten allerdings ist die Geschichte, wie Johannes Grützke seine Frau hier kennenlernt. Mit Tilmann Lehnert sitzt er an einem der Tische im Gastraum. In

◂ Blick in das Atelier (Detail): Hier der ausgestopfte Pavian, der mit seinem einst prächtigen Hinterteil in der Ikonografie von Grützkes Werken immer wieder auftaucht.

der Nähe hat sich an einem anderen Marmortisch ein Mädchen niedergelassen. Sie scheint auf jemanden zu warten, der, und das ist wohl Schicksal, an diesem Abend nicht kommen sollte. Den beiden Geigern fallen sofort die blitzenden Augen des Mädchens auf, und sie mögen Mädchen mit blitzenden Augen.

Dann bekommen die Kellner Beschäftigung. Einer von ihnen muss ein Billett an den Tisch des Mädchens bringen, mit dem die beiden fragen, ob sie ein Glas Wein mit ihnen trinken möchte. Sie, Bénédicte, liest, schreibt, und der Kellner bringt das Billett mit der Antwort zurück zum »Herrentisch«. Auf dem Zettel steht notiert: »Ja, wann?« Der Kellner kann die Antwort der Erlebnisgeiger sogleich überbringen: »Jetzt!!!« Dann haben sie Wein getrunken. Heute haben Bénédicte und Johannes Grützke zwei gemeinsame Kinder. Das sind sie, diese Art von Zufällen, die sich im Kaffeehaus abspielen und das ganze Leben verändern können.

Der Gesichtswein zeitigt enorme Wirkung auf meine Sinne – vielleicht sind es aber auch die Gesamtatmosphäre des Ateliers und die Persönlichkeit des Malers, die mich beschwingt aus dem Himmel der Neuen Prächtigkeit die fünf Stockwerke wieder hinunter- und hinaustragen in den Regen und damit in die Wirklichkeit.

KELLNER UND GÄSTE – EINE SELTSAME ALLIANZ

»Kaffeehäuser haben etwas vom Wesen gut eingespielter Geigen. Sie geben Resonanz, schwingen mit und verleihen spezifische Klangfarbe. Das jahrelange Geschrei der Stammgäste hat ihre Fasern und Atome auf besondere Art gelagert, und wunderbar vibrieren Gebälk, Vertäfelung und selbst die Möbelstücke im Lebensrhythmus der Besucher … Das molekulare Wunder, das sich hier vollzieht, das Phänomen metaphysischer Beseelung von Stammlokalen durch die Ausstrahlung ihrer Besucher harrt noch der wissenschaftlichen Erforschung.«

Billy Wilder, Zeitungsbeitrag

Schlüsselfigur des klassischen Wiener Kaffeehauses ist der »Herr Ober«. »Der Felix« im *Café Einstein* in der Kurfürstenstraße ist so ein eingefleischter Kellner, der mit unübertroffener Diskretion den Gast zum König macht: im rechten Moment der Kaffee, die Zeitung, der Handkuss. Schon seit einem Vierteljahrhundert ist Felix Spielbichler nun im Café Einstein in der Kurfürstenstraße »zu Hause«, und alle lieben ihn.

Wie muss ein guter Kellner sein? Das ist, wie im Leben vor den Kaffeehaustüren, natürlich auch von Sympathien abhängig. So hat jeder seinen persönlichen Liebling unter den Leuten im Service, und mögen sie zu anderen auch noch so grantig sein – sie erwidern diese Zuneigung. Aber es muss doch auch objektive Kriterien für den perfekten Kellner geben.

Der österreichische Kaffeehausphilosoph Peter Altenberg scheint sich über diese Frage viele Gedanken gemacht zu haben und hat als Ergebnis ein schönes Märchen aus dem Leben aufgeschrieben:

»Mein Vater kam zehn Jahre lang nach einer Geschäftsreise nicht mehr nach Paris. Als er endlich wieder hinkam, sagte der Kellner bei *Brébant*: ›Mein Herr, wir haben Sie seit langem erwartet. Wir werden Ihnen Ihr Lieblingsdiner servieren lassen, falls es Ihnen recht ist und Sie Ihren Geschmack nicht geändert haben.‹ Und es kam das Lieblingsdiner, das man sich zehn Jahre lang gemerkt hatte.«[78]

Ja, so ungefähr müsste der perfekte Kellner sein. Etwas übertrieben und auch unlogisch erscheint hingegen folgende Antwort auf die Frage nach dem perfekten Service im *Gentleman* von 1913: »Ein guter Gast und ein guter Kellner verstehen sich wie einst Karl May und sein Freund Winnetou, einzig durch Blicke.«[79]

Demnach wäre der perfekte Kellner eine fiktive Figur. Nehmen wir aber an, es gibt ihn doch – manchmal gut gelaunt, dann wieder mürrisch und etwas schnippisch, doch in jedem Fall diskret und aufmerksam. Wie schafft man es dann allerdings, die vollkommene Symbiose zwischen Gast und Kellner, zwischen Karl May und Winnetou herzustellen? »Auf diese der Aufklärung dringend bedürftige Frage antwortet ein Mitarbeiter der ›Rheinisch-Westfälischen Zeitung‹ in folgender Plauderei: ›Wie schwer es ist, jeden dienstbaren Geist, der uns im Restaurant umschwirrt, zu bannen, ihn stilgerecht zu rufen, glaubt ein ›Laie‹ gar nicht. Früher hieß der Herr eben einfach Kellner. Und man rief ohne weitere Komplimente Kellner. Danach wurde man höflicher. Einen der fürnehmen Gentlemen in großen Hotels gerade so zu zitieren, wie einen Bierträger, nein, das ging nicht. Man kam auf die Idee, Herr Oberkellner zu sagen. Allmählich schwanden die beiden letzten Silben ganz, es hieß einfach: Ober. Das wurde populär, jeder Pikkolo hieß Ober, und so war man wieder gezwungen, für die besten der Zunft eine Steigerung zu erdenken. Man kehrte zum alten Kellner zurück, und es gilt für sehr fein, geradezu für ›schick‹, im Sektrestaurant Kellner zu rufen. Daran also erkennt man den ›Kavalier‹. Er sagt: ›Kellner, die Rechnung‹; der Bürger, der noch anderes im Leben zu tun hat, als auf solches zu achten, spricht: ›Herr Ober, ich möchte zahlen.‹ Man zahlt eben im eleganten Lokal nicht, sondern fordert die Rechnung; Pseudogents reden nun immer von der Rechnung, auch wenn sie nur einen Whisky für 75 Pfennig tranken, was sich sehr possierlich macht. – Jetzt gibt es aber noch zwei sehr feine Nuancen.

Will man nämlich andeuten, dass man irgendwo wie zu Hause ist, ein Stammgast sozusagen – und es macht sich ja in Wirtshäusern, die man nicht unter 30 Mark Zeche verlassen kann, sehr gut –, dann ruft man den Kellner mit seinem Zunamen, in etwas intimen Restaurants wohl auch mit dem Vornamen. Jedenfalls ist der Zunamenruf sehr vornehm, er zeigt den Eingeweihten und drückt die Achtung vor

▲ Ein Kellner serviert im *Einstein*.

dem Diener und zugleich das Bewußtsein des Herrn aus. Die letzte Feinheit indes in dieser wichtigen Angelegenheit bleibt den Snobs unbekannt, und wenn sie sie kennten, wäre sie bei ihnen nicht beliebt, weil man keinerlei Aufsehen damit erregen kann. In dem wirklich ›erstklassigen‹ Restaurant, das geschulte Kellner hat, ruft man weder Ober, noch Herr Ober, noch Kellner, noch Gustav, klopft auch nicht mit dem Monokel auf den Tellerrand, sondern – man schaut ihn nur an, den Kellner, einerlei ob ins Gesicht oder in den Rücken, er hat solche Nerven, daß er einen Wunsch, einen Blick des Gastes fühlt und kommt. Das ist die letzte Vollkommenheit von Herr und Diener. Die lautlose Unterhaltung. Das erfühlte Gespräch, das Reden mit den Augen.«[80]

▲ Szene an der Bar im *Einstein*.

Wie eng ein Kellner mit seinem Café und seinen Gästen und diese wiederum mit ihm verbunden sein können, schildert Joseph Roth am Beispiel des Oberkellners Richard Hahn, der in seinen Erinnerungen mit dem *Café des Westens* regelrecht verschmolzen ist. Jahre nach der Schließung des berühmten Berliner Kaffeehauses, dem in einer eigenen Produktreihe ausgesuchter Backwaren mit dem Namen »Café des Westens« im *Café Einstein* eine Huldigung erfährt, widmete Roth dem Oberkellner am 9. Januar 1923 ein Porträt in der *Neuen Berliner Zeitung*:

»Er war rothaarig. Er war eigens erfunden vom literarischen Beirat des lieben Gottes und vom Pressechef des Himmels zum Zeitungskellner ausersehen. Er sah Generationen von Literaten kommen und gehen. Sie verschwanden in Gefängnissen und Ministerstühlen. Sie wurden Revolutionäre und Attachés. Und sie bleiben ihm alle Geld schuldig. Er wußte den Weg, den sie machen würden, kannte den Stil, den sie schrieben. Wußte, wo sie nachgedruckt worden waren und erzählte es ihnen. Er reichte ihnen die Zeitung mit der Nachricht, gewissermaßen die Botschaft mit der Schale. Und wenn sie unbekannt waren – er förderte sie. ... Ich entsinne mich jener schmerzlichen Nacht, in der das alte *Café des Westens* für immer geschlossen wurde und Richard unsere Unterschriften sammelte. Dieses Einfangen der Unsterblichkeit in ein Stammbuch war seine letzte Handlung im Dienste der Literatur. Dann verschwand Richard, und es dauerte eine Weile, ehe er im *Romanischen Café* auftauchte. Wer weiß, wie viel Schmerz er da empfunden hat, als er in seine Heimat kam als Gast und Fremdling! Zeitungen fordernd, statt sie zu vergeben?!«

ODE AN DAS WIENER SCHNITZEL[81]

Die gastronomische Ausrichtung einer Region erkennt man am besten daran, welche Sättigungsbeilage sie hervorgebracht hat. Frankreich ist die Nation der Baguette, Italien ein Nudelland. Mexiko lebt von der Maistortilla. Asien ist der Kontinent der Reis-Kultur, die USA haben sich für Pommes Frites entschieden, die Deutschen für die Kartoffel. Österreich – Österreich aber ist ein Semmelland.

Die Semmel ist nicht nur der wichtigste Bestandteil des Frühstücks, sie dient auch als Beilage für alles, was flüssig ist und aufgetunkt werden will. Und davon gibt es reichlich, denn Österreich ist auch das Land der klaren Rindssuppe. Und selbst wenn Nudeln oder Kartoffeln serviert werden, es wird immer noch Semmeln dazu geben. Ein Korb mit Semmeln gehört zum gedeckten Tisch wie Salz und Pfeffer, und kein Wiener Wirt, der etwas auf sich hält, wird einem Gast die Semmeln in Rechnung stellen.

In einem alten Kochbuch[82] kann man die Geschichte von drei armen Lehrlingen nachlesen, die ins Gasthaus gehen und Bier bestellen. Sie trinken das Bier und machen sich dann über die Semmeln des Lokals her. Als es nach dem fünften Semmelkorb schließlich ans Zahlen geht, meint der Kellner: »Wenns nächstes Mal einen Durst habts, gehts zum Bäcker.«

Die Semmel spielt auch in der Sprache des Wieners eine wichtige Rolle. Man sagt etwa »dumm wie eine Semmel«. Jemandem »eine semmeln« heißt, ihn zu schlagen, und wenn etwas nicht gelungen ist, hat man es »versemmelt«. Es scheint so, als ob der Mensch jene Dinge, die er am meisten liebt, bisweilen am schnellsten schlecht macht – als könnte er durch die verbale Herabsetzung darüber hinwegtäuschen, wie viel ihm etwas bedeutet.

Ihre höchstentwickelte Daseinsform erreicht die Semmel allerdings in der Panade – zu feinen Bröseln zerrieben und mit Mehl und Ei zu einem Belag verarbeitet, der sich in heißem Fett in eine goldbraune Hülle verwandelt. In der Küche hat das Verhüllen lange vor dem Wiener Schnitzel Tradition. Die Blütezeit des Täuschens ist das Barock, und aus dem 18. Jahrhundert stammt auch das Rezept, in dem sich bereits ein Vorläufer des Wiener Schnitzels erkennen lässt. Gold ist übrigens der Ursprung alles Panierten. Historiker vermuten, dass es das Schnitzel und den Brauch des Vergoldens schon im alten Byzanz gegeben hat. Juden sollen das Rezept dann zu den Mauren nach Spanien gebracht haben, und von dort haben es angeblich die Italiener übernommen.

Wer es sich in der Lombardei des 15. und 16. Jahrhunderts leisten konnte, ließ seine Speisen mit Blattgold belegen – Gold galt damals als Medizin. Dieser verschwenderische Luxus nahm dermaßen überhand, dass der Rat von Venedig das Vergolden 1514 schließlich verbieten musste. Man suchte optischen Ersatz für den »güldenen Prunk« und kam auf das Panieren, das »Vergolden von Abgebachenem«, wie man später in Wien sagte. Auf diese Weise soll jedenfalls das Kotelett auf Mailänder Art entstanden sein, von dem Feldmarschall Radetzky höchst angetan war. 1848 nach Oberitalien entsandt, um den Aufstand gegen den Habsburger Kaiser niederzuschlagen, vergaß dieser nicht, die Gastronomie des Feindes auszukundschaften, und entdeckte dabei etwas »wahrhaft Außergewöhnliches«: »ein Kalbskotelett, in Ei gewälzt, paniert und in Butter gebacken«, wie in einem alten Dokument des Staatsarchivs Wien nachzulesen ist.

Der Feldherr wurde nach seinem Sieg umgehend in die Hofküche beordert, die den Versuch unternahm, das Gesehene nachzukochen – so weit die Legende. Es verging kein halbes Jahrhundert nach Radetzkys Feldzug, und *costoletta alla milanese* war als typische Wiener Spezialität bekannt. Das Kotelett ersetzten die Wiener durch das saftige Stück der Kalbsnuss, an die Stelle des Weißbrotes traten die Semmelbrösel, und der Panier hat man Mehl hinzugefügt.

Ende des 19. Jahrhunderts ist das panierte Schnitzel aus keinem österreichischen Kochbuch wegzudenken. Wann sich das Schnitzel endgültig als »Wiener Schnitzel« eingebürgert hat, ist nicht klar. Im *Wiener Kochbuch* aus dem Jahr 1878 ist aber bereits von »escalopes de veau à la viennoise« die Rede.[83]

Und wie soll nun ein Wiener Schnitzel sein? Selbstverständlich goldbraun, hauchdünn und so groß, dass es über den Teller ragt: »King-Size-Schnitzel, large as a plate«, wie es in einem Kaffeehaus hinterm Stephansdom für die Touristen heißt. Fremden wird außerdem gerne erzählt, dass ein Wiener Schnitzel die »Sitzprobe« bestehen muss. Man setzt sich nach dem Herausbacken darauf, und der Hosenboden darf dabei nicht fett werden.

Dass das Wiener Schnitzel aus Kalbfleisch gemacht wird, ist beinahe religiöse Überzeugung. Und so darf sich ein Schweineschnitzel in der Speisekarte auch nur mit dem degradierenden Titel »Schnitzel Wiener Art« vorstellen.

Man salzt das Schnitzel und klopft es ein wenig, dann wird es in Mehl und Ei gewendet und anschließend durch die Semmelbrösel gezogen. Herausgebacken wird es traditionellerweise in Schweineschmalz, viele Köche verwenden inzwischen aber das geschmacksneutralere Pflanzenöl oder Butterschmalz. Gelungen ist die Panier, wenn sie nicht auf dem Fleisch klebt, sondern Blasen wirft. Es muss mindestens ein Messerrücken zwischen Bröselschicht und Fleisch passen – »Soufflieren« heißt das in der Fachsprache.

Und dann die Schnitzelzubereitung – eine hohe Kunst. Es beginnt schon mit der Temperatur. Ist das Fett zu heiß, wird das Schnitzel außen schwarz und bleibt innen roh. Ist es zu kalt, sinkt das Fleisch wie ein nasser Lappen auf den Pfannenboden und die Panier fällt ab. Das Schnitzelbacken hat darum sehr viel mit Fingerspitzengefühl zu tun. Zum Wiener Schnitzel gehören Petersil-Erdäpfel oder ein lauwarmer Erdäpfel-Salat. Die Zitronenscheibe ist ebenfalls Tradition, als Beilage ist grüner Salat oder Vogerl-Salat erlaubt. Und manche Gäste schwören unergründlicherweise auf die Kombination von Reis und Gurkensalat.

Bleibt noch zu erwähnen, dass das Wiener Schnitzel zweifelsohne zu den größten Erfindungen der traditionellen österreichischen Küche gehört. Sein Rang als eine der Leibspeisen eines jeden Österreichers ist statistisch belegt.[84]

Übrigens ist das goldgelbe Glück nicht nur die Leibspeise der Österreicher – auch die Besucher des *Café Einstein* in der Kurfürstenstraße kommen oft von weit her dorthin, um sich ein Wiener Schnitzel zu bestellen. Außerdem munkelt man, dass die geheime Semmelbröselmischung des *Einstein*-Schnitzels eigens aus Österreich importiert wird.

Guten Appetit!

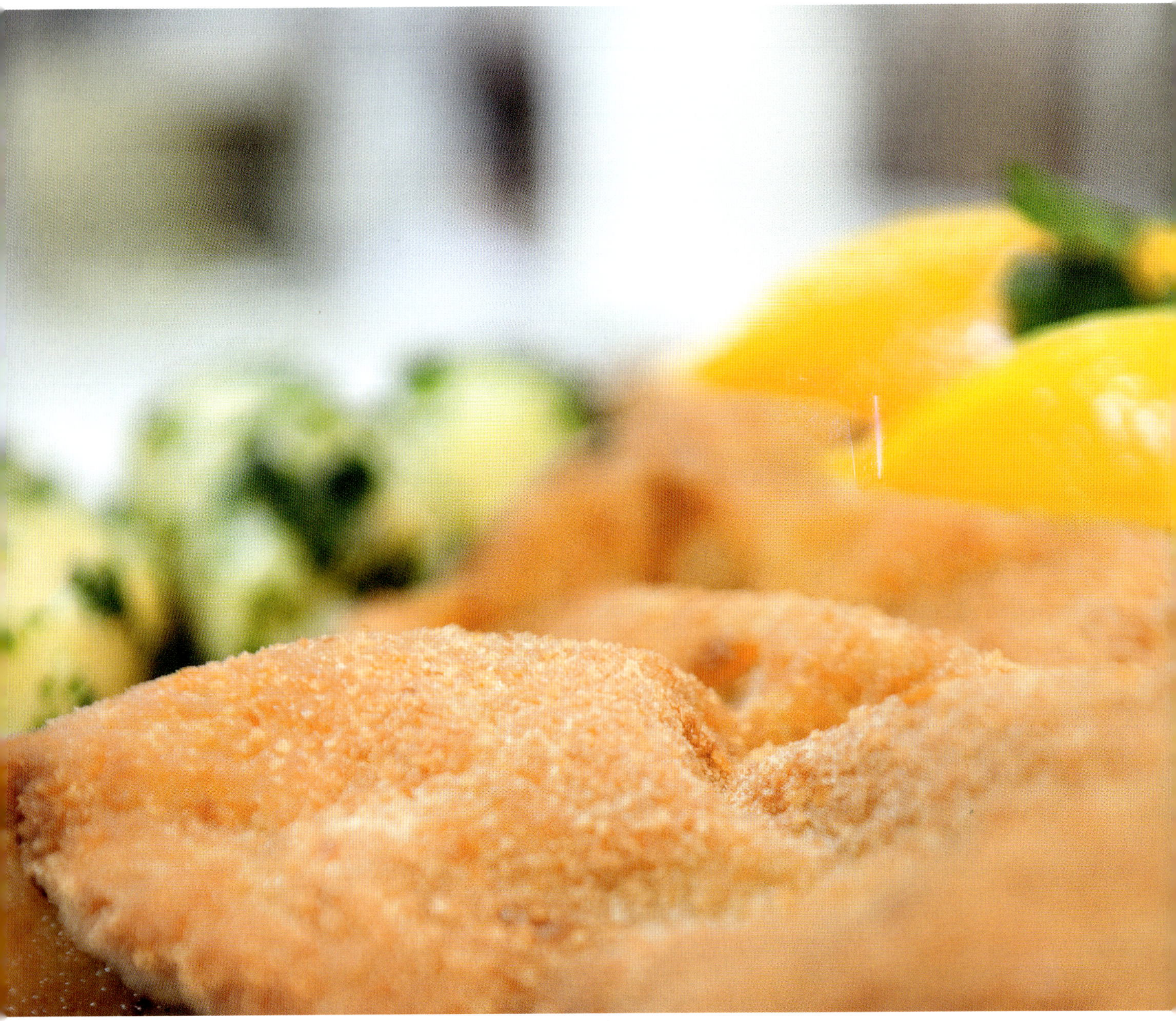

WIENER SCHNITZEL

Zutaten

*600 g Kaiserteil vom Kalb (Kalbsschale), ohne Deckel, pariert,
Salz, ca. 100 g Mehl, 2 Eier,
ca. 150 g Semmelbrösel,
reichlich Öl oder Butterschmalz*

Zubereitung

Vier Schnitzel zu je 150 g gleichmäßig zwischen Frischhaltefolie
ca. 4 – 6 mm dünn plattieren. Die Ränder zart einschneiden, beidseitig salzen.
In Mehl, verschlagenem Ei und Bröseln panieren.
Reichlich Fett (ca. 3 cm hoch) in einer tiefen Pfanne erhitzen.
Die Schnitzel einlegen. Während des Backens (ca. 2 Minuten bei 170 – 180 Grad)
an der Pfanne rütteln, damit die Panier soufiert. Nur einmal wenden,
fertig backen, vorsichtig aus der Pfanne heben.
Auf Küchenkrepp abtropfen und abtupfen.
Als Beilage werden Petersilerdäpfel und
gemischter Salat gereicht.

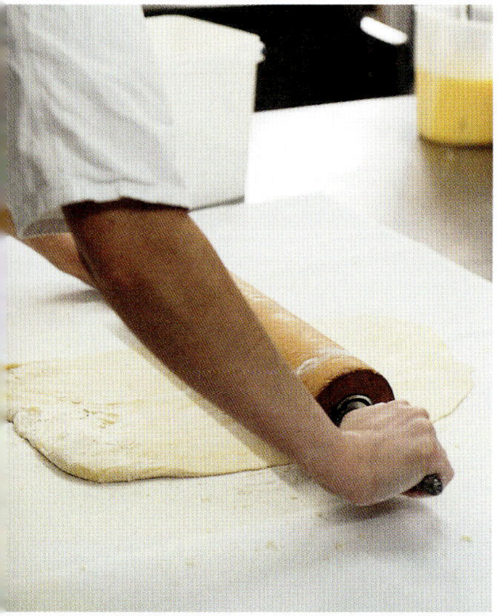
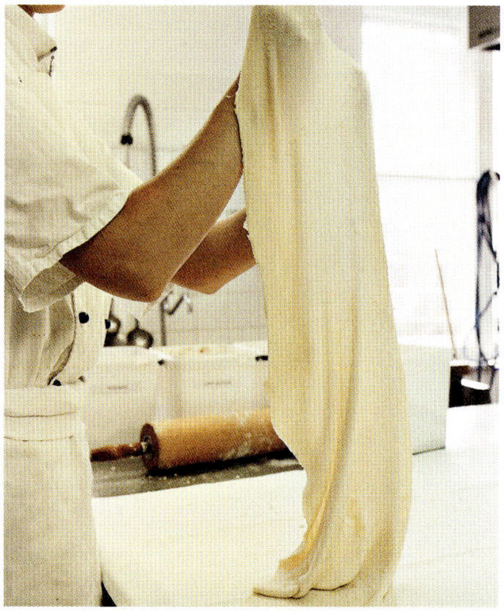
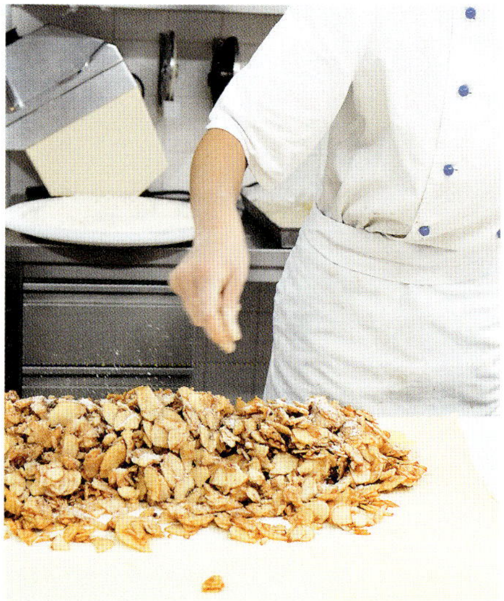
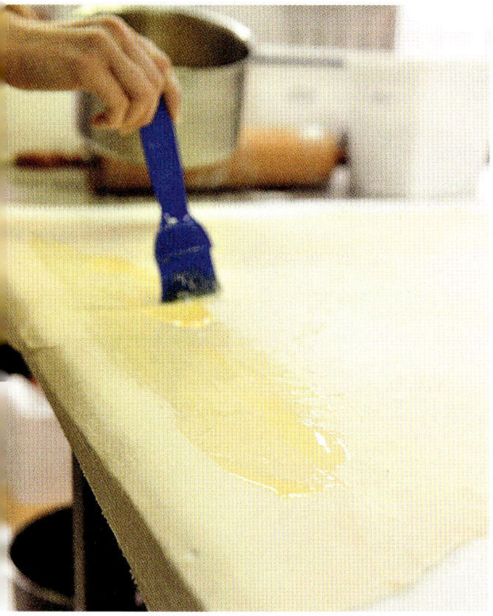
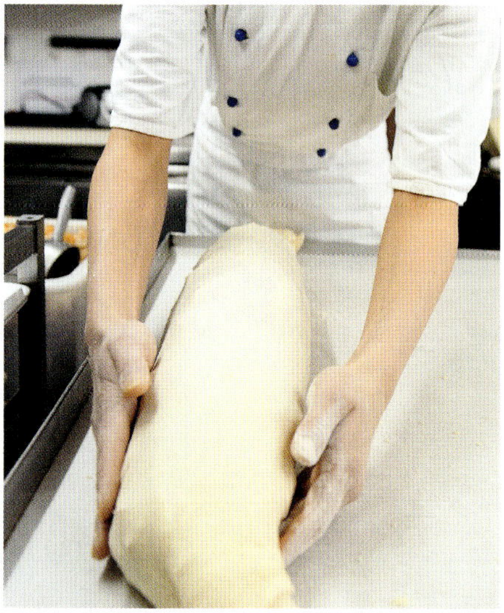
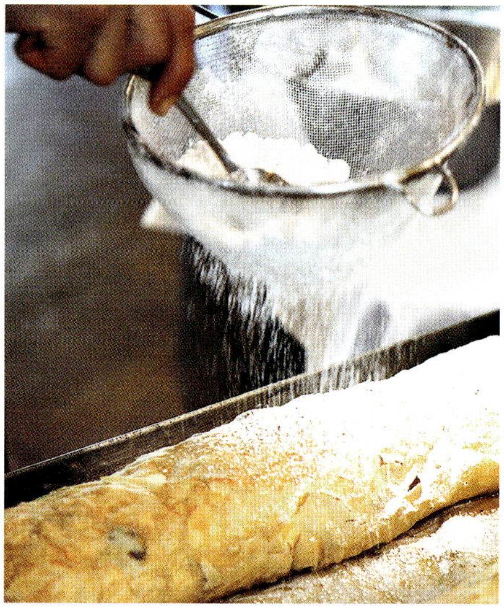

APFELSTRUDEL

Zutaten für 2 Teige

*300 g Mehl, 1 Ei, 20 g Pflanzenöl,
130 g Wasser, 1 Prise Salz*

Apfelfüllung für 2 Strudel

*1 kg Äpfel (Boskop, mürbe würzig), 100 g Zucker, 1 Prise Zimt,
50 g Sultaninen, 20 g gestiftete Mandeln,*

*Butter zum Bestreichen,
Semmelbrösel*

Zubereitung

Teig: Alle Zutaten vermengen und mit dem Knethaken ca. 5 Minuten kneten, den Teig halbieren und jeweils zu einer Kugel formen, eingeölt in einer Schüssel 1 Stunde im Kühlschrank ruhen lassen.

Strudel: Die Äpfel schälen und entkernen, in kleine Stücke schneiden, mit Zucker, Zimt, Mandeln und Sultaninen mischen. Den Teig in Mehl wälzen und zunächst auf ein bemehltes Küchentuch mit dem Rollholz ausrollen, danach den Teig mit den Händen auf Blechgröße ausziehen. Das untere Drittel des Teiges mit Butter bestreichen, mit Semmelbröseln bestreuen und die Apfelfüllung aufbringen. Dann den Strudel mithilfe des Tuches zu einer Rolle formen, die Enden verschließen und überflüssigen Teig an den Rändern mit den Händen abkneifen. Auf das Blech rollen. Den Strudel mit flüssiger Butter bestreichen und für ca. 30 Minuten bei 200 Grad backen. Vor dem Servieren mit Puderzucker bestreuen.

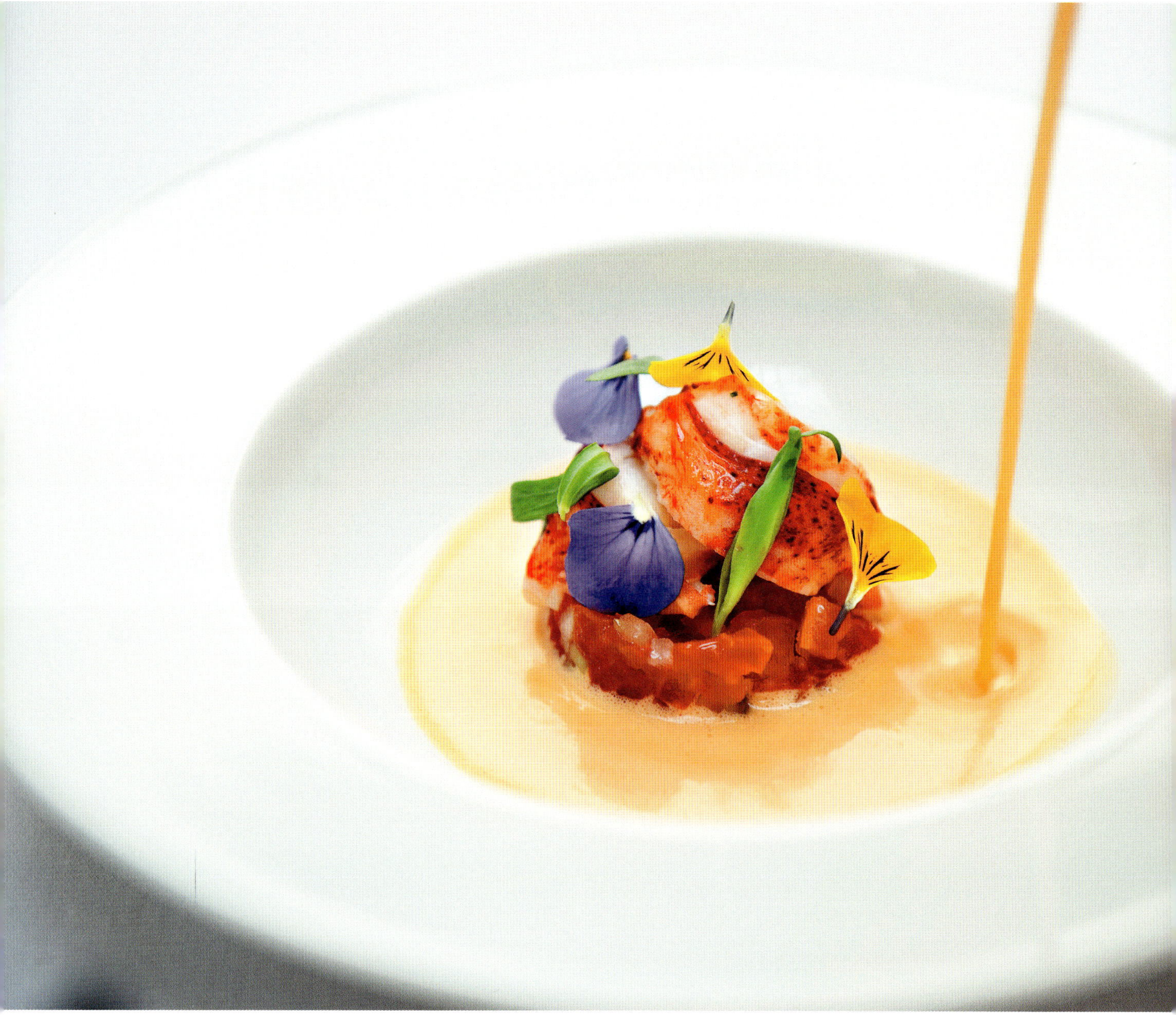

HUMMERBISQUE

Zutaten für 4 Personen

*500 g Hummerkarkassen, 200 ml Fischfond (wenn vorhanden),
2 Tomaten, 50 g Fenchel, 50 g Lauch, 50 g Karotten,
50 g Sellerie, 1 Knoblauchzehe, 1 Zwiebel, 20 ml Olivenöl,
30 g Tomatenmark, 30 ml Cognac, 60 g Butter,
200 ml Crème fraîche, 200 ml Sahne, Salz, Pfeffer, Thymian*

Zubereitung

Die Hummerschalen bei kräftiger Hitze in Olivenöl hellbraun anrösten und in walnussgroße Stücke geschnittenes Gemüse hinzugeben (Fenchel, Lauch, Tomaten, Karotten, Sellerie, Knoblauch, Zwiebel). Alles zusammen farblos anrösten. Die Hitze um die Hälfte regulieren und das Tomatenmark hinzugeben. Das Mark leicht karamellisieren lassen.
Den Ansatz mit dem Cognac ablöschen und flambieren.
Mit Fischfond und Sahne auffüllen, Thymian einlegen und die Karkassen auskochen.
Die Suppe durch ein feines Sieb passieren, mit Salz und Pfeffer abschmecken und mit Crème fraîche verfeinern.
Anschließend die kalte Butter mit Hilfe des Stabmixers in die Suppe montieren und zum Beispiel mit geschmorten Strauchtomaten oder einer gebratenen Jakobsmuschel servieren.

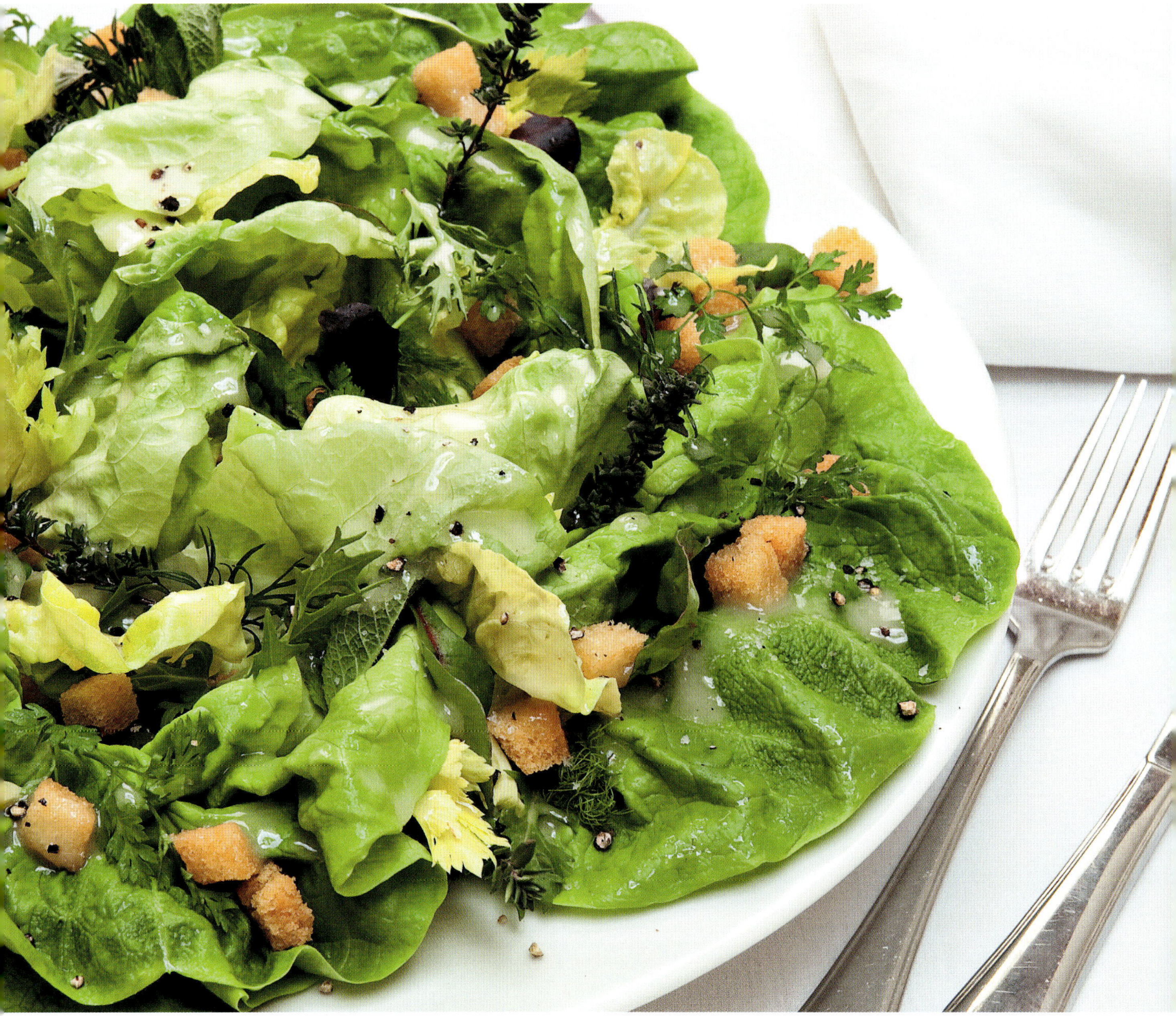

KOPFSALAT MIT VINAIGRETTE UND CROÛTONS

Zutaten

*1 Kopfsalat, 50 ml Weißweinessig, 25 ml Estragonessig,
250 ml Olivenöl, 15 g Senf, 3 g schwarzer Pfeffer,
10 g Schalotten, 120 ml Pflanzenöl, 80 ml Gemüsefond,
2 Tropfen Tabasco, 1 EL Zucker, 1 Scheibe Toastbrot,
20 g Butter, Kerbel, Petersilie, Estragon, Schnittlauch, Salz,
Knoblauch, Pfeffer, Rohrzucker*

Zubereitung

Den Kopfsalat vorsichtig waschen und gut abtropfen lassen.
Für die Vinaigrette Weißweinessig, Estragonessig, Senf, Schalotten, Tabasco
und Zucker in einen Küchenmixer geben und diesen auf mittlere Stufe stellen.
Langsam das Öl in den Mixer laufen und die Zutaten miteinander vermischen lassen.
Zum Ende mit Gemüsefond verfeinern, bis sich die gewünschte
Konsistenz einstellt. Mit Salz und Pfeffer abschmecken
und vorerst beiseite stellen.
Das Toastbrot für die Croûtons von der Rinde befreien und in
gleichmäßig große Würfel schneiden. Die Butter in einer Pfanne zerlaufen lassen
und die Brotwürfel mitsamt einer angedrückten Knoblauchzehe hinzugeben.
Das Brot rösten, bis es eine goldbraune Farbe angenommen
hat, und mit etwas Salz würzen.
Die Kräuter fein hacken und mit ihnen die Vinaigrette aromatisieren.
Danach den Salatstrunk vorsichtig entfernen und die Blätter mit
der Kräutervinaigrette marinieren.
In einem tiefen Teller arrangieren und die leichte und bekömmliche
Vorspeise abschließend mit den knusprigen Croûtons verfeinern.

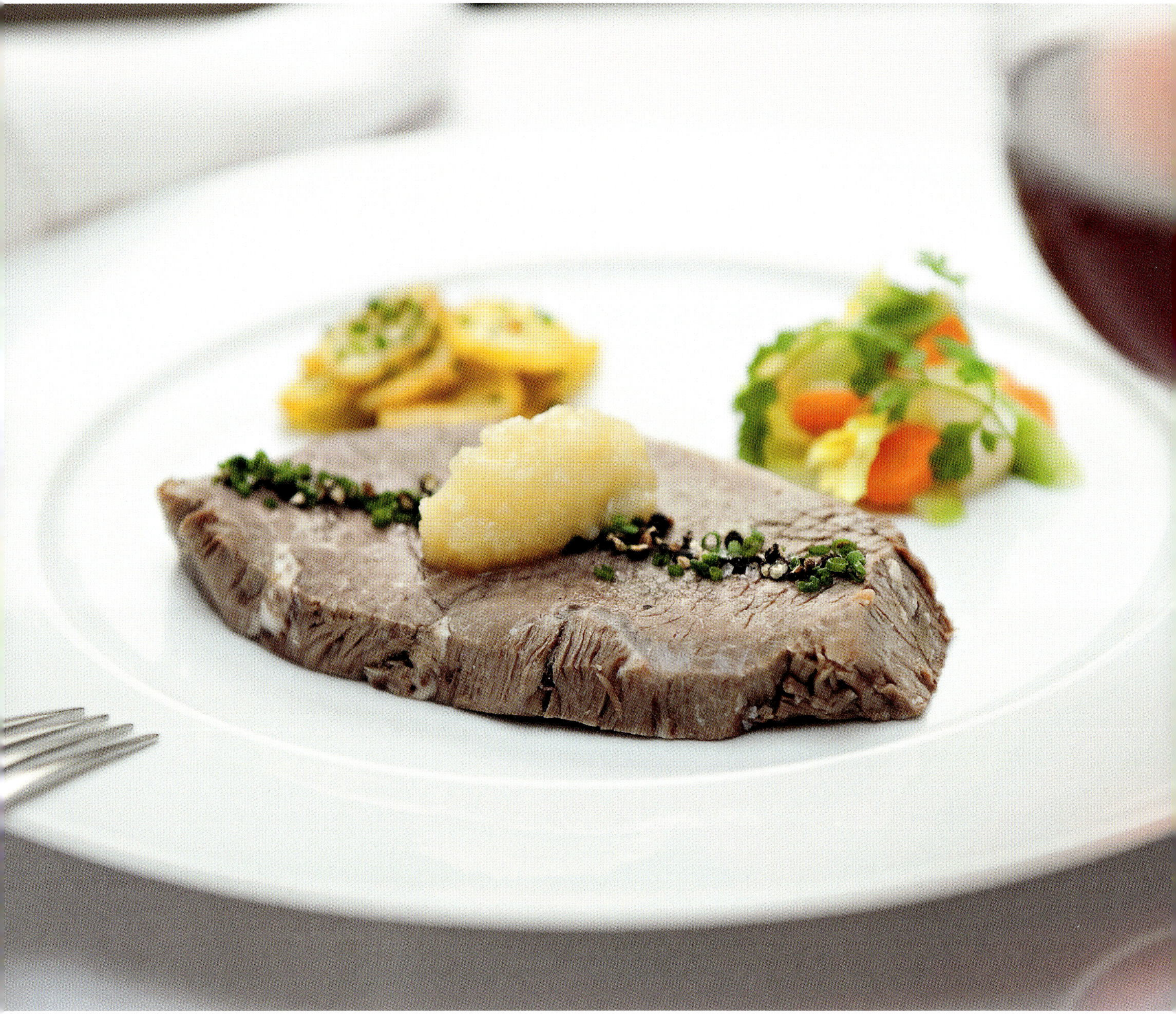

KLASSISCHER TAFELSPITZ MIT BRATKARTOFFELN, SCHNITTLAUCHSAUCE UND APFELKREN

Zutaten für 4 Personen

900 g Tafelspitz, 1 Stück Suppengrün, 1 Zwiebel, 2 Äpfel,
10 g frischer Meerrettich, 5 ml Estragonessig, 150 g Weißbrot ohne Rinde,
80 ml Milch, 2 Eigelb, hart gekocht, 60 ml Rapsöl, 1 EL Weißweinessig,
1/2 Bund Schnittlauch, 10 La-Ratte-Kartoffeln, 5 Pfefferkörner, 3 Wacholderbeeren,
1 Lorbeerblatt, 5 g Kümmel, 30 g Butter, 20 ml Rapsöl, 1 Bund Petersilie,
Salz, Pfeffer, Rohrzucker, Muskat

Zubereitung

Fleisch, Gemüse, Pfefferkörner, Wacholderbeeren und Lorbeerblatt in einen Topf geben und mit Wasser füllen, sodass der Tafelspitz vollständig bedeckt ist. Mit etwas Salz abschmecken und ohne Deckel zum Kochen bringen. Die Temperatur herunterregeln und leise köcheln lassen, bis das Fleisch weich und vollständig gar ist. In der Planung sind für diesen Schritt etwa 2,5 Stunden zu berücksichtigen. Die La-Ratte-Kartoffeln mit Kümmel und Salz in einem Topf weich kochen lassen. Nach kurzem Abkühlen die Kartoffeln in grobe Scheiben schneiden.
In der Zwischenzeit aus den im Ofen gebackenen Äpfeln und Meerrettich die Apfelcreme zubereiten. Das weiche Apfelfruchtfleisch auskratzen und durch ein Sieb passieren, anschließend nach Geschmack mit geriebenem Meerrettich und Essig aromatisieren.
Das Weißbrot mit der kalten Milch, dem Essig und den Eigelben vermengen und mit den Stabmixer das Öl einarbeiten, bis eine glatte Sauce entstanden ist. Nach Belieben mit Salz, Pfeffer, Muskat abschmecken und fein geschnittenen Schnittlauch unterheben.
Das Fleisch aus der Brühe nehmen und abkühlen lassen. Die Brühe durch ein Passiersieb oder Passiertuch gießen und sämtliche Gemüsereste herausfiltern. Es soll eine klare Brühe übrig bleiben. Den Tafelspitz in Scheiben schneiden und in der filtrierten Brühe erwärmen.
Nun die Kartoffeln in Rapsöl knusprig anrösten und mit einem guten Stich Butter verfeinern. Mit Salz, Pfeffer und gehackter Petersilie würzen.
Den Tafelspitz zusammen mit der Apfelsauce, der Schnittlauchsauce und Bratkartoffelröschen sowie einer Gemüsebeilage auf Tellern anrichten und servieren.

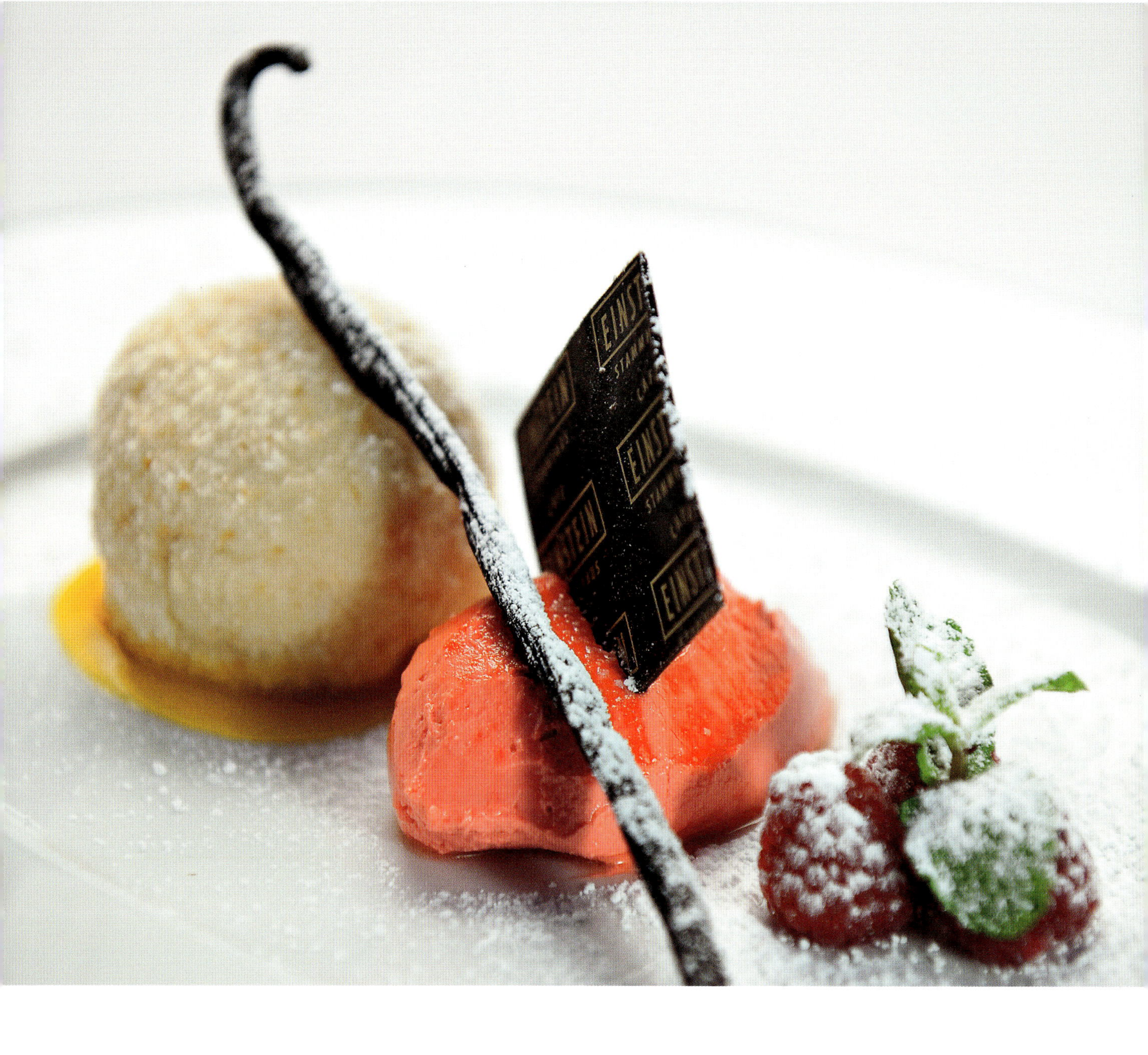

TOPFENKNÖDEL MIT FRUCHTSAUCE
(FÜR 10 KNÖDEL)

Zutaten

500 g Topfen, 300 g Mehl, 120 g Butter,
50 g Zucker, 10 Marillen oder Zwetschgen,
100 g Marzipan oder 10 Würfel Rohrzucker,
2 Eier, 1 Orange, 1 Zitrone, 2 l Milch,
1 Vanillestange, Salz, Puderzucker

Zubereitung

Die Butter mit dem Zucker cremig rühren und eine Prise Salz, Zitronenabrieb und Vanillemark hinzugeben. Nach und nach Eier, Topfen und das gesiebte Mehl unter die Masse heben. Die Mischung vorerst kalt stellen.
Im Anschluss die Marillen oder Zwetschgen, je nach Geschmack und Jahreszeit, entkernen. Diese mit Marzipan oder einem Würfel Rohrzucker, zuvor an einer Orange gerieben, füllen. Die gefüllten Früchte in den Topfenteig einschlagen und den Teig mit einer Drehbewegung zwischen den Händen rund formen. Darauf achten, dass sich keine Lufteinschlüsse im Teig befinden, um ein Aufplatzen zu verhindern.
Die Knödel nun in einer mit Orangenabrieb, ausgekratzter Vanilleschote und Zucker aromatisierten Milch-Wasser-Mischung (2:1) etwa 15 Minuten ziehen lassen.
Mithilfe einer Schaumkelle die Knödel vorsichtig aus dem Fond heben und in Butterbröseln wälzen. Auf einem Teller etwas Fruchtsauce arrangieren, jeweils einen Knödel anrichten und mit reichlich Puderzucker bestäuben. Für die Fruchtsauce kann verschiedenes Beeren- oder Steinobst verwendet werden. Hierzu die Früchte mit Puderzucker und etwas Zitronensaft aufkochen und mit dem Mixer fein pürieren.

ANMERKUNGEN

1. Ernst Pauly (Hg.): 20 Jahre Café des Westens. Erinnerungen vom Kurfürstendamm, Berlin 1913, S. 24.
2. Walter Vogel: Das Café. Vom Reichtum europäischer Kaffeehauskultur, Wien 1996, S. 6.
3. Andreas Schäfer: Das Einstein in Berlin, in: Event Partner 2/2006, S. 80 f.
4. Silvia Meixner: Henny Portens große Villa fürs kleine Geld, in: Die Welt vom 18.11.2000.
5. Jim Rakete: Das Katerfrühstück, in: Die Zeit vom 31.12.2004.
6. Meixner: Henny Portens große Villa (wie oben zit.).
7. Christine Scherzinger: Zeitlos in. Zeitlos out. Das Café in der deutschen Gegenwartsgesellschaft. Eine kultursoziologische Studie, Marburg 2005.
8. Joachim Heinrich Campe: Briefe aus Paris, zur Zeit der Revolution geschrieben, Berlin 1961, hier: Paris, den 9. August 1789, S. 64 f.
9. Zu diesem und den vorigen Schilderungen siehe Verena Mayer: »… dass es über den Teller ragt«, in: Kulinarischer Almanach. Stuttgart 2003.
10. Dazu vor allem Ulla Heise: Kaffee, die Primadonna unter den Kulturpflanzen, in: Peter Lummel: Kaffee. Vom Schmuggelgut zum Lifestyle-Klassiker. Drei Jahrhunderte Berliner Kaffeekultur, Berlin 2002, S. 9–13.
11. Gerald Uhlig: Das Café Einstein Unter den Linden, Berlin 2001.
12. Dazu Antoinette Schnyder von Waldkirch: Wie Europa den Kaffee entdeckte. Reiseberichte der Barockzeit als Quellen zur Geschichte des Kaffees, Zürich 1988, S. 57 f.
13. Felipe Ferré: Kaffee. Eine Kulturgeschichte, Tübingen 1991, S. 71 f.
14. Zit. nach Ulla Heise: Kaffee und Kaffeehaus. Eine Kulturgeschichte, Hildesheim 1996, S. 66; vgl. dazu ausführlich Ferré, Kaffee, S. 89 f.
15. Zit. nach Heise: Kaffee, S. 70.
16. Gedanken von der seit geraumer Zeit in Deutschland ausgebrochenen Caffee-Seuche, in: Nützliche Sammlungen 1758, 4. Teil, S. 865–900: »Die Caffee-Seuche ist eine böse Gewohnheit, die schwer auszurotten ist.«, S. 867.
17. Adam Olearius, hier zitiert nach Heise: Kaffee und Kaffeehaus, S. 119.
18. Susanne Keunecke: Von Schmugglern und Kaffeeriechern. Die Anfänge des Kaffees in Berlin, in: Lummel: Kaffee, S. 15–25, hier S. 15 ff.
19. Ebd., S. 20.
20. Peter Lummel: Vom Café Royal zum Coffeeshop. Drei Jahrhunderte Berliner Kaffeehauskultur, in: Ders.: Kaffee, S. 25–41, hier S. 26 f.
21. Zit. nach Keunecke: Von Schmugglern, in: Lummel: Kaffee, S. 21.
22. Beleg bei Ulla Heise: Philosophen, Literaten, Künstler und der Kaffee. Berliner Reigen, in: Lummel: Kaffee, S. 85–91, hier S. 85.
23. Maria Thiele: Der Feind in der Kanne, in: Hamburger Abendblatt vom 20.3.1993, S. 5.
24. Lummel: Kaffee, S. 28.
25. Renate Petras: Das Café Bauer in Berlin, Berlin 1994, Abb. S. 43 f.
25. Zu diesen und den vorherigen Schilderungen siehe Lummel: Vom Café Royal, in: Ders.: Kaffee, S. 28 ff.
26. Rolf Liebold: Zum Pariser Platz bei Bauer vorbei, in: Berliner Zeitung vom 9.6.1995.
27. Hermann Kesten: Dichter im Café, München 1965, S. 17.
28. Regina Aggio: Filmstadt Berlin. 1895 bis 2006, Henny Porten, S. 18.
29. Wolfram Siebeck: Berlin. Die Gastronomie. Beschrieben und bewertet von Wolfram Siebeck, Nürnberg 2002, S. 194.
30. Ausführlich dazu Hartwig Schmidt: Das Tiergartenviertel. Baugeschichte eines Berliner Villenviertels. Teil 1: 1750 bis 1870, Berlin 1981.
31. Dazu Leonhard Dingwerth: Die Geschichte der deutschen Schreibmaschinenfabriken, Band 2, Delbrück 2008.
32. Zit. nach: Ulrike Moser, »Gesichter der Großstadt«, in: GEO EPOCHE, »Deutschland um 1900«, Nr. 12/2004, S. 154–167.
33. Ebd.
34. Berlin und seine Bauten. Bearbeitet und hg. vom Architecten-Verein zu Berlin und der Vereinigung Berliner Architekten, Berlin 1896, S. 1. Zit. nach Lummel: Café Royal, S. 30.
35. Im Zweiten Weltkrieg wurde die Synagoge in der Lützowstraße zerstört und 1954 abgerissen. Eine Gedenktafel an einem Neubau erinnert heute an das einstige Gotteshaus; vgl. Bill Rebiger: Jüdisches Berlin. Berlin 2008, S. 44 f.
36. Else Lasker-Schüler: Mein Herz, München 1912.
37. Else Lasker-Schüler: Unser Café, in: Gesichte. Essays und andere Geschichten, Leipzig 1913, zit. nach Jürgen Schebera: Damals im Romanischen Café. Leipzig 1988, S. 25.
38. Ilja Ehrenburg: Der Berliner Westen, das Café Schottenhaml und George Grosz (1928), in: »Ach wie gut schmeckt mir Berlin«. Übersetzungen von Reisebeschreibungen französischer Berlin-Reisender der Zwanziger- und Dreißigerjahre. Hg. von Margarete Zimmermann (im Erscheinen). An dieser Stelle danke ich Margarete Zimmermann für die Einsicht in das Manuskript dieses spannenden Sammelbandes.

39 Michael Bienert (Hg.): Joseph Roth in Berlin. Ein Lesebuch für Spaziergänger. Köln 2003, vor allem S. 76–79.
40 Sammy Gronemann: Erinnerungen, in: Monika Richarz (Hg.): Jüdisches Leben in Deutschland, Stuttgart 1979, S. 406 f.
41 Christof Biggeleben: Das »Bollwerk des Bürgertums«. Die Berliner Kaufmannschaft 1870–1920, München 2006, S. 205 ff. und S. 211.
42 Max Tau: Das Land, das ich verlassen musste, Hamburg 1961, S. 187 f., hier zitiert nach: Juden in Berlin. 1671–1945. Ein Lesebuch. Berlin 1988, Textdokumentation, S. 231.
43 Schebera: Damals im Romanischen Café, S. 33.
44 Gabriele Tergit (= Elise Reifenberg): Käsebier erobert den Kurfürstendamm. Berlin 1931, S. 63 f.
45 Kurt Moreck: Führer durch das lasterhafte Berlin, Reprint der Ausgabe von 1931, 2001.
46 Zit. nach Hermann-Josef Fohsel: Im Wartesaal der Poesie. Else Lasker-Schüler, Benn und andere. Zeit- und Sittenbilder aus dem Café des Westens und dem Romanischen Café. Berlin 1996, S. 41.
47 Ebd., S. 90.
48 Gesetz gegen das Glücksspiel vom 27. Juli 1920 (RGBl. S. 1482). Zuletzt geändert durch Gesetz vom 12.10.1976 (GVBl. S. 2452).
49 Akten der General-Staatsanwaltschaft beim Landgericht Berlin bezüglich eines Strafverfahrens Kurfürstenstraße 58 / Caspari u.a. (Landesarchiv Berlin, A-Rep. 358-01 Mf. Nr. 537 - A 540).
50 Vgl. z. B. Goebbels: Vom Kaiserhof zur Reichskanzlei. Eine historische Darstellung in Tagebuchblättern, München 1934, S. 117.
51 Dazu Uwe Dannenbaum: Der Mann, der Goebbels die Stirn bot, in: Die Welt vom 30.05.2004, online http://www.welt.de/print-wams/article110934/Der_Mann_der_Goebbels_die_Stirn_bot.html, zuletzt abgerufen am 12.7.2009, 0:15 Uhr.
52 Moreck: Führer, S. 187.
53 Es entbehrt übrigens nicht einer gewissen Komik, dass eines der Mitglieder des Klub des Westens, der Anwalt Reinhold Mosgau, 1920 eine Veröffentlichung über »Das Problem des Glücksspiels im Reichsstrafgesetzbuch unter besonderer Berücksichtigung der neuesten gesetzlichen Regelung« herausgibt.
54 SDP, hg. von Erich Alfringhaus, Berlin (im Selbstverlag), S. 15, vgl. die digitalisierte Version: http://library.fes.de/spdpdalt/19300512.pdf, S. 16, zuletzt abgerufen am 12.7.2009, 0:30 Uhr.
55 Greiner war es auch, der gegen Bernhard Weiß intrigierte und ihn in einem Prozess 1932 an die Nationalsozialisten ›verriet‹, denen er dann seine spätere Karriere verdankte, Vgl. Hsi-huey Liang: Die Berliner Polizei in der Weimarer Republik, Berlin 1977, S. 153. Vermutlich ist derselbe Weiß-Prozess gemeint, in dem Caspari einen Meineid geleistet haben soll, so eine Anschuldigung des Klubmitgliedes Gotthelf, als er schwor, dass im Klub des Westens keine Darlehen gegeben würden und gewohnheitsmäßiges Glücksspiel nicht betrieben werde. In den Strafakten zum Klub des Westens wird mehrfach auf das Verfahren Weiß / Angriff (Goebbels) eingegangen: Bestrafung Caspari wegen Beihilfe zum Glücksspiel, Amtsgericht Charlottenburg 22.C.71/29. Diese Akten seien nicht zu haben, so heißt es hier, weil sie noch im Verfahren Weiß / Angriff gebraucht werden.
56 Vgl. auch Liang: Die Berliner Polizei, S. 179; Vossische Zeitung vom 20. Oktober 1932 und Strafsache gegen Weiß, Dr. wegen § 346, in: Blattsammlung bei der Staatsanwaltschaft bei dem Landgericht I, Berlin, 1 pol. J. 3003/32. 48.
57 Zit. nach Edgard Haider: Verlorene Pracht. Geschichten von zerstörten Bauten, Hildesheim 2006, S. 167.
58 Zit. nach http://www.kurfuerstendamm.de/berlin/historie/historie_nationalsozialismus/, zuletzt abgerufen am 5.4.2009, 18:30 Uhr.
59 Erich Kästner: »Kennst du das Land, in dem die Kanonen blühen?«, Vorwort, in: Bei Durchsicht meiner Bücher, Zürich 1946.
60 Ingo Köhler: Die »Arisierung« der Privatbanken im Dritten Reich. Verdrängung, Ausschaltung und die Frage der Wiedergutmachung. Schriftenreihe zur Zeitschrift für Unternehmensgeschichte 14, München 2005, S. 589.
61 Institut für Zeitgeschichte (Hg.): Akten der Partei-Kanzlei der NSDAP. Rekonstruktion eines verlorengegangenen Bestandes. Veröffentlichung des Instituts für Zeitgeschichte. 2 Teile. Bearb. v. Helmut Heiber u. a., München, Wien, New York 1983, Teil 1, Bd. 1, Nr. 11078, F. 12401367.
62 Lion Feuchtwanger: Offener Brief an den Bewohner meines Hauses Mahlerstraße 8 in Berlin, 20. März 1935, in: Ders.: Ein Buch nur für meine Freunde, Frankfurt am Main 1984, S. 491 ff.
63 Erich Kästner: Notabene 45. Ein Tagebuch, Frankfurt am Main 1983, S. 141.
64 Eichmanns Referat bediente sich im Schriftverkehr in der Regel der offiziellen Adresse des RSHA: Berlin SW 11, Prinz-Albrecht-Straße 8.
65 Dazu vor allem Anna Fischer: Erzwungener Freitod: Spuren und Zeugnisse in den Freitod getriebener Juden der Jahre 1938–1945 in Berlin, Berlin 2007; vgl. auch Konrad Kwiet und Helmut Eschwege: Selbstbehauptung und Widerstand. Deutsche Juden im Kampf um Existenz und Menschenwürde 1933–1945, Hamburg 1984.
66 Bundesarchiv (Hg.): Gedenkbuch – Opfer der Verfolgung der Juden unter der nationalsozialistischen Gewaltherrschaft in

Deutschland 1933–1945. Koblenz 2006. Vgl. die verkürzte Onlineversion auf der Website des Bundesarchivs unter http://www.bundesarchiv.de/gedenkbuch/directory.html; hier sind Recherchemöglichkeiten gegeben.

67 Fischer: Erzwungener Freitod, S. 115. Hinweis auf die Familie Blumenfeld in der Liste der auf dem Jüdischen Friedhof in Berlin-Weißensee Beigesetzter.
68 Vgl. Gedenkbuch. Mein Dank gilt dem Jüdischen Friedhof Weißensee für die Übersendung der für die Familie Blumenfeld relevanten Unterlagen.
69 Landesarchiv Berlin, B-Rep. 42 Acc. 2371 Nr. 28555.
70 Walther Kiaulehn: Berlin. Schicksal einer Weltstadt, München 1996, S. 234.
71 Zit. nach Voigt: Wahlbekanntschaften, S. 8.
72 Der Abend vom 25.5.1978.
73 Die Wahrheit vom 13.7.1978.
74 Im Original heißt es 1976. Da existierte das Café Einstein allerdings noch nicht, sodass von einem Druckfehler ausgegangen wird; vgl. Rakete, Katerfrühstück (wie oben zit.).
75 www.pbrunsch.de/.../body_einstein_stadtcafe.html, zuletzt besucht am 30.3.2009, 1:40 Uhr. Heute ist der Text von der Seite entfernt.
76 Vgl. Philip Cassier: Rommels Rum. in: Die Welt vom 12.5.2009.
77 Alfred Richard Meyer: Des Herrn Munkepunkes Cocktail- und Bowlenbuch. Nachdruck. Dortmund 1978, S. 87f.
78 Peter Altenberg: Die Kellner, in: Märchen des Lebens. Berlin 1924.
79 Franz W. Koebner (Hg.): Wie ruft man den Kellner?, in: Der Gentleman. Ein Herrenbrevier. Berlin 1913, S. 89–92.
80 Ebd.
81 Verena Mayer: »... dass es über den Teller ragt«, in: Cotta's Kulinarischer Almanach, Stuttgart 2003, S. 146–154, hier leicht abgewandelt und in Auszügen. Mit herzlichem Dank an Verena Mayer für die Abdruckgenehmigung.
82 Wolf Neuber: Die k.u.k. Wiener Küche, Wien u. a. 1975, S. 158, vgl. Mayer: »... dass es über den Teller ragt«.
83 Martha Foitl: Wiener Souvenir-Kochbuch, Wien 1982, S. 40, vgl. Mayer: »... dass es über den Teller ragt«.
84 Der Standard vom 31.5.2000, vgl. Mayer: »... dass es über den Teller ragt«.

BILD- UND TEXTNACHWEIS

Ode an das Wiener Schnitzel: gekürzte und veränderte Version eines Essays von Verena Mayer.
Lion Feuchtwanger: Offener Brief an die Bewohner meines Hauses Mahlerstraße 8 in Berlin, 20. März 1935, in: Ders.: Ein Buch nur für meine Freunde. © Aufbau-Verlag, 1984.
Erich Kästner: © Atrium Verlag, Zürich und Thomas Kästner.
Billy Wilder: Spiegel special, 6/1997. © Spiegel-Verlag Rudolf Augstein GmbH & Co. KG.

© AKG Images: S. 19, 74.
© BPK: S. 13, 50f., 66, 77.
© Bernd Brundert: Cover, S. 9f., 40, 89, 98, 101f., 111–126.
© Kirstin Buchinger: S. 106, 109.
© Bundesarchiv: S. 61, 64.
© Café-Einstein-Archiv: S. 26, 84–86, 90.
© Förderverein der Jeanne-Mammen-Stiftung e. V. / VG Bild: S. 34, 37, 43, 57, 104.
© Archiv Johannes Grützke: S. 93, 107.
© Philipp Hasse-Pratje: S. 103.
© Landesarchiv Berlin: S. 17, 29, 32, 79f.
© Nicolaische Verlagsbuchhandlung GmbH: S. 49.
© Jim Rakete: S. 52, 94, 97, 100, 105, mit Dank an Lothar Schirmer von Schirmer & Mosel.
© Oliver Schultz-Berndt: Jim Rakete im Café Einstein: S. 87.
© Ullstein-Bilderdienst: S. 7, 24, 59, 72.

DANKSAGUNGEN

Das vorliegende Buch verdankt seine Existenz einer ganzen Reihe von Personen und Institutionen, denen an dieser Stelle herzlich gedankt sei.
Unter ihnen sind vor allem Roswitha und Philipp Hasse-Pratje zu nennen, die die Realisierung des Buchprojektes vollständig unterstützten.
Zu danken ist Bernd Brundert und Jim Rakete für ihre wunderbaren Fotos sowie Stephanie Weischer (Wildes Blut, Atelier für Gestaltung) für die Gestaltung des Buches.
Dr. Peter Kunz danke ich für seinen intellektuellen Anteil an der Umsetzung des Werkes. Gedankt sei auch Christine Deggau, die über die »Gründer-Generation« recherchierte und die Interviews mit Valeska Bachauer, Martin Kippenberger, Achim Schächtele, Wilhelm Andraschko u. a. führte. Florian Glauert sei für seine Hilfe bei Auswahl und Gestaltung der Rezepte gedankt.
Dem Förderverein der Jeanne-Mammen-Stiftung e. V. gilt Dank für die Möglichkeit, die Bilder der Künstlerin Jeanne Mammen abzubilden.
Frau Dr. Monika Nakath, Brandenburgisches Landeshauptarchiv, sowie Frau Giesela Erler vom Landesarchiv Berlin halfen bei den umfangreichen Archivrecherchen. Gleiches gilt für die Mitarbeiter des Museums für Kommunikation und Technik, des Mitte-Museums und des Bauarchivs des Bezirks Tiergarten.
Den Mitarbeitern des *Café Einstein* sowie dem Team des *Weyers* danke ich für schriftstellerisches Asyl.
Und nicht zuletzt danke ich meiner geliebten Familie und meinen Freunden für ihre Unterstützung.

© 2009 Nicolaische Verlagsbuchhandlung GmbH, Berlin
Alle Rechte vorbehalten

Layout: Wildes Blut, Atelier für Gestaltung, Stephanie Weischer
Satz: Wildes Blut, Atelier für Gestaltung / Die Creativagenten
Bildrecherche und Auswahl: Die Creativagenten, www.creativagenten.de
Repro: Bild1Druck GmbH, Berlin
Druck und Bindung: Mohn media Mohndruck GmbH, Gütersloh

ISBN 978-3-89479-510-8

Unter www.nicolai-verlag.de können Sie unseren Newsletter
abonnieren, der Sie über das Programm und aktuelle
Neuerscheinungen des Nicolai Verlags informiert.